JN077072

AI
開発のための
法律知識と契約書作成のポイント

西村あさひ法律事務所
弁護士
福岡真之介 著

清文社

はしがき

　近年、AI が様々な分野で実用化され、社会に浸透しつつあります。今後、AI ソフトウェアの開発・利用がますます活発になり、AI ソフトウェアに携わる企業が増えていくと思われます。

　AI ソフトウェアの開発・利用が増えれば、それに比例して契約交渉や紛争の問題も増えていくことが想定されます。従来からシステム開発の契約交渉や紛争は数多くあり、それに関する書籍なども多数出版されていますが、AI ソフトウェア開発は、従来のシステム開発とは考え方が大きく異なり、従来のシステム開発についての知識・経験だけでは十分に対応できません。そのため、AI ソフトウェア開発を円滑に進めるには、AI 特有の問題について、ユーザとベンダの双方が理解する必要があります。

　筆者は、2018年6月に経済産業省から公表された「AI・データの利用に関する契約ガイドライン」の作成に関与させて頂きました。このガイドラインは、データや AI 技術についての契約実務の蓄積が乏しく、当事者間の認識・理解にもギャップがあることから、契約の締結が円滑に進まないという当時の課題を解決する目的で作成されました。

　このガイドラインが公表されたことにより、AI ソフトウェア開発における共通認識が形成され、ある程度、当初の目的は達成されたのではないかと思われます。しかし、このガイドラインを知らない方もおり、また、内容が難しいというご意見を頂くこともありました。

　そこで、このガイドラインの内容についてより多くの方に理解して頂き、AI ソフトウェア開発がスムーズに行われて欲しいという思いから、本書を執筆しました。

本書は、AI ソフトウェア開発に携わるエンジニアの方をはじめ、AI を利用したサービスの導入を考える企業の法務担当者、弁護士等の方々へ向けて、AI ソフトウェア開発の基本的な知識やガイドライン、モデル契約の考え方について、ガイドライン公表後の実務の発展なども反映して解説しています。AI ソフトウェア開発のビジネスモデルについては、ユーザとベンダのそれぞれの立場におけるビジネス的な観点から解説しました。

　本書では、第 I 編で AI ソフトウェア開発における法律を解説し、第 II 編で AI ソフトウェアの開発契約について解説しています。

　本書は、「AI・データの利用に関する契約ガイドライン」の内容を大いに活用しています。ガイドラインの作成にあたり、AI 編を担当したメンバーに対して、深い敬意と感謝の意を示したいと思います。特に、柿沼太一先生には貴重なご助言を頂きました。ぜひ、本書とあわせて「AI・データの利用に関する契約ガイドライン」（経済産業省ウェブサイト）もご参照頂ければ幸いです。

　なお、本書の内容について、全ての責任は筆者にあり、筆者の属する西村あさひ法律事務所の見解を示すものではないことをお断りさせていただきます。

　本書が、AI ソフトウェア開発に携わる皆様の一助となり、日本の AI 技術の発展に少しでも貢献できれば幸いです。

　最後に、本書の刊行にあたって、秘書の越前愛莉氏、株式会社清文社の杉山七恵氏、立川佳奈氏に多大なご協力を頂いたことを、この場を借りて厚く御礼申し上げます。

2020年1月

福 岡 真 之 介

CONTENTS

AI ソフトウェア開発契約
のモデル契約

第 I 編
AI 開発に関する法律知識

第 **1** 章

AI とは

AI 開発の契約書という本題に入る前に、
まず、AI とはどのようなものであり、
本書で対象とする AI とは何か
ということから解説します。

1 AIの発展

Artificial Intelligence（以下、「AI」）という言葉が生まれたのは、1956年にダートマス大学で開催されたダートマス会議であるといわれています。

AIにはこれまで3つのブームがありました。

第1次AIブーム（1950年代後半から1960年代）では、コンピュータにより推論・探索させることで迷路などの特定の問題を解く研究が進みましたが、複雑な現実の問題が解けないことが明らかになるとブームは終わりました。

第2次AIブーム（1980年代）で、コンピュータに知識を入れて活用する研究が進み、専門知識に基づいて判断を自動化するエキスパートシステムがつくられました。エキスパートシステムは、基本的には、コンピュータに「もし〜ならば、〜」（if then）という情報を蓄積することで、問題に対する回答を導くというものです。エキスパートシステムは、実際に運用するには、膨大な知識を整理して管理する必要があることや、そもそも専門家の知識を定式化できないことが多かったため、期待されていた成果が出せないことが明らかになるとブームは終わりました。

現在は、第3次AIブームといわれています。1990年頃からインターネットが普及し、2000年代に入るとウェブを通じて大量のデータが入手できるようになったことに加えて、クラウドの発達により大量のデータの保存が低コストで可能となり、またハードウェア面でも、コンピュータの処理速度が格段に向上しました。そのため、大量のデータとマシン

パワーを用いた機械学習を実現することができるようになりました。特に、人間の脳の神経伝達メカニズムをモデルとしたニューラルネットワークを用いた機械学習の一種である「ディープラーニング」という手法によって、画像認識や自然言語処理の分野は著しく進歩しました。

　過去の第1次AIブーム、第2次AIブームは、AI技術の実用化に失敗したことによりブームが終わりましたが、第3次AIブームでは、大量のデータ、ハードウェアの処理速度の向上とコストダウン、ディープラーニングの発展などによって、AI技術の実用化が可能となりました。そう遠くない未来に、AIは、インターネットやスマートフォンのように社会のどこにでも利用される技術として、人々の生活を大きく変えることが考えられます。

　そのような社会では、我々の誰もが、毎日をAIと無関係に過ごせなくなりますし、企業は、AIの開発・利用についての法律問題を避けることはできなくなるでしょう。

【図表 I-1-1】 人工知能（AI）の歴史

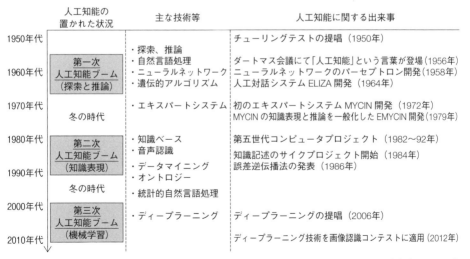

年代	人工知能の置かれた状況	主な技術等	人工知能に関する出来事
1950年代		・探索、推論	チューリングテストの提唱（1950年）
1960年代	第一次人工知能ブーム（探索と推論）	・自然言語処理 ・ニューラルネットワーク ・遺伝的アルゴリズム	ダートマス会議にて「人工知能」という言葉が登場（1956年） ニューラルネットワークのパーセプトロン開発（1958年） 人工対話システム ELIZA 開発（1964年）
1970年代	冬の時代	・エキスパートシステム	初のエキスパートシステム MYCIN 開発（1972年） MYCIN の知識表現と推論を一般化した EMYCIN 開発（1979年）
1980年代	第二次人工知能ブーム（知識表現）	・知識ベース ・音声認識	第五世代コンピュータプロジェクト（1982～92年） 知識記述のサイクプロジェクト開始（1984年）
1990年代	冬の時代	・データマイニング ・オントロジー ・統計的自然言語処理	誤差逆伝播法の発表（1986年）
2000年代	第三次人工知能ブーム（機械学習）	・ディープラーニング	ディープラーニングの提唱（2006年）
2010年代			ディープラーニング技術を画像認識コンテストに適用（2012年）

出典：総務省「ICTの進化が雇用と働き方に及ぼす影響に関する調査研究」（平成28年）

2 汎用型AIと目的特化型 AI の違い

　まず、「人工知能」すなわち「AI」とは何かということから解説していきます。人工知能がどのようなものを意味するかについては、人工知能学者の間でも意見が分かれており、いまだにコンセンサスを得た定義があるわけではありません（**図表 I-1-2**）。世の中には、「AI 搭載」という宣伝文句で売られている商品・サービスが数多くありますが、単に IT を使っているだけの「なんちゃって AI」もあります。人間の知的作業を代替しているのが AI というのであれば、パソコンの文字変換機能も AI と呼ぶことができます。しかし、多くの人は、これらが AI だとは思わないでしょう。

　では、知能を持つ機械である AI とは、どのようなものを指すのでしょうか。機械が知的かどうかを判断するテストとして、英国の数学者でコンピュータの父と呼ばれるアラン・チューリングが考案した「チューリング・テスト」というものがあります。これは、人間が、隔離された部屋にいる人間とコンピュータに、ディスプレーとキーボードを介して様々な質問をし、その返答の様子から、どちらが人間でどちらがコンピュータか区別ができないようであればコンピュータが知能を持つと判断するというテストです。チューリング・テストは、現在でも機械の知性を判断するための唯一のテストであるといわれています。もっとも、哲学者のジョン・サールは「中国語の部屋」という例えで、チューリング・テストに合格しても本当に知能があるかどうかはわからないという反論をしています。

【図表 I-1-2】国内の主な研究者による人工知能（AI）の定義

研究者	所　属	定　義
中島秀之	公立はこだて未来大学	人工的につくられた、知能を持つ実態。あるいはそれをつくろうとすることによって知能自体を研究する分野である
武田英明	国立情報学研究所	
西田豊明	京都大学	「知能を持つメカ」ないしは「心を持つメカ」である
溝口理一郎	北陸先端科学技術大学院	人工的につくった知的な振る舞いをするためのもの（システム）である
長尾真	京都大学	人間の頭脳活動を極限までシミュレートするシステムである
堀浩一	東京大学	人工的に作る新しい知能の世界である
浅田稔	大阪大学	知能の定義が明確でないので、人工知能を明確に定義できない
松原仁	公立はこだて未来大学	究極には人間と区別が付かない人工的な知能のこと
池上高志	東京大学	自然にわれわれがペットや人に接触するような、情動と冗談に満ちた相互作用を、物理法則に関係なく、あるいは逆らって、人工的につくり出せるシステム
山口高平	慶應義塾大学	人の知的な振る舞いを模倣・支援・超越するための構成的システム
栗原聡	電気通信大学	人工的につくられる知能であるが、その知能のレベルは人を超えているものを想像している
山川宏	ドワンゴ人工知能研究所	計算機知能のうちで、人間が直接・間接に設計する場合を人工知能と呼んで良いのではないかと思う
松尾豊	東京大学	人工的につくられた人間のような知能、ないしはそれをつくる技術。人間のように知的であるとは、「気づくことのできる」コンピュータ、つまり、データの中から特徴量を生成し現象をモデル化することのできるコンピュータという意味である

出典：総務省「平成28年版情報通信白書」234頁

AIを大きく分類すると、汎用型と目的特化型があります。何でもできる汎用型AIとは、人間のようなAIで、ドラえもんのようなAIといえばわかりやすいでしょう。

　目的特化型のAIとは、例えば、囲碁の世界チャンピオンの柯潔（カケツ）氏を破って有名になったGoogle傘下のDeepmind社が開発した囲碁AIの「Alpha Go」のように、特定の目的に特化したAIです。

　ドラえもんは、(おそらく)囲碁と将棋の両方できると思いますが、Alpha Goは、囲碁では世界最強であっても、将棋をすることはできませんし、ましてや全く違う他の用途に使うことはできません。このようなAIは、チューリング・テストの観点からは知能があるとはいえないことになります。しかし、多くの人は、Alpha Goが知的作業をしていることを違和感なく認めていると思います。このように、「知能とは何か」ということは、いまだに明快な答えが見えない、奥が深い問題です。

　また、AIの分類としては、①人間の知能そのものを持つ機械をつくろうとする立場からの汎用的なAIである「強いAI」と、②人間が知能を使ってすることを機械にさせようとする立場からのAIである「弱いAI」とに分ける考え方もあります。「強いAI」と「弱いAI」は、ジョン・サールが「Minds, Brains, and Programs」という論文の中で使用した用語です。おおよそ、強いAIは汎用型AI、弱いAIは目的特化型AIといってよいでしょう。

　現在、実際に使われているAIは、何でもできる汎用型AIではなく、特定の目的のための目的特化型AIです。それには理由があります。

　AIで有名な問題として、「フレーム問題」というものがあります。フレーム問題とは、簡単に言うと、現実の世界で起こり得るシナリオは無限にあることから、AIが全てを検討することは不可能であり、対処できないという問題です。そのため、今のところ人工知能は、例えば、「囲碁を囲碁のルールに従ってプレーする」といった枠組み（フレーム）を

人間がつくることで、初めて実際に使えるものであるといえます。フレーム問題が解決されない限り、フレームを定めない汎用型 AI を実現することはできません。

　統計をとったわけではありませんが、世間一般では「AI」というと、汎用型 AI をイメージしている人も多いのではないかと思われます。しかし、現在、世の中で実際に使われている AI は、全て目的特化型 AI です。そのため、本書では、「目的特化型 AI」、あるいは「弱い AI」を前提としています。

3　機械学習とは何か

　本書では、AI とは、機械学習する AI を念頭に置いています。AI には色々な種類のものがあります。AI を分類したものとして、国際特許分類（IPC）がありますが（**図表 I-1-3**）、機械学習は、多様な AI 技術の中の一技術に過ぎないことがわかります。

　「機械学習」とは、あるデータの中から一定の規則を発見し、その規則に基づいて未知のデータに対する推測・予測等を実現する学習手法の一つです。

　機械学習という用語にも確立した定義はありません。一般的に機械学習に分類される手法としては、サポートベクターマシーン（SVM）、決定木、クラスタリング、ニューラルネットワークといったものがあります。

　例えば、サポートベクターマシーンという手法は、データの分類や回帰を決定するにあたって、マージン最大化という基準を用いて、データからできるだけ離れた決定境界を学習するものです。

　また、機械学習の手法を用いたソフトウェア開発のアプローチにも様々なものがありますが、代表的なものとして、①教師あり学習、②教師なし学習、③強化学習、④ディープラーニングというアプローチがあります。これらのアプローチを組み合わせることもあります。

【図表 I-1-3】AI に関する国際特許分類（IPC＝G06N）

技術中分類	技術小分類	技術の概要
学習型	機械学習	人間と同様の学習機能をコンピュータ・システム上で実現する技術
	ニューラルネットワーク	人間の脳の神経回路をモデルとするコンピュータ・システム上の学習技術
知識ベース型	推論システム	知識・意味に関する情報を基として、推論規則を適用させて推論結果を導き出す技術
	知識の表現	知識の表現形式（セマンティクス）、知識の設計・加工、知識の獲得・抽出、知識ベースの更新に関する技術
	知識ベース一般	知識ベースであって、推論システムや知識の表現に含まれないもの ルール等の集合で表現した知識情報の構造やアクセスに関する技術
試行錯誤型	ファジィ推論	メンバーシップ関数と推論のルールを適用して推論結果を導き出す技術
	ファジィ制御	ファジィ集合を利用して制御モデルや制御系を構成する制御に関する技術
	遺伝的モデル	生物における交配や突然変異による品種改良をまねた学習技術
	カオス・モデル	予測できない複雑な様子を示す現象を扱う理論モデルを利用した学習技術

① 教師あり学習

　「教師あり学習」とは、まず、問題と正解がセットになっている学習用データセット（教師データ）を用意して、学習済みモデルを生成するという手法です。この手法では、学習前のモデルに問題を回答させて、間違いがあればモデル（パラメータを含む）を修正し、満足のいく正解レベルに達するまで学習を繰り返すことによって学習済みモデルを作成して

いきます。学習済みモデルが完成すると、未知のデータに対して、学習済みのモデルを使って回答を導き出します。なお、実務的には、教師データを作成するのに多大な労力と費用がかかるのが通常です。

② 教師なし学習

「教師なし学習」とは、正解データがない学習用データセットから学習して、学習済みモデルを生成するという手法です。この手法では、学習用データセットの背後に存在する構造を見つけることで学習済みモデルを生成します。例えば、クラスタリングという手法がこれにあたります。

クラスタリングの使い方としては、例えば、大量の顧客データについて、年齢、性別などの何らかの要素によるグループ分けのルールを見つけ出すことにより、新規顧客についても、そのルールに従って、どのクラスタに属するかを分類して、効果的な広告を打つことが考えられます。

③ 強化学習

「強化学習」とは、望ましい結果に対して報酬を与え、どの行動が最大の報酬を生み出すかについて試行錯誤を繰り返して学習することで、学習済みモデルを生成する手法です。

例えば、複数の自動車（センサーとAIを搭載している）を走らせて、他の自動車とぶつからずに1メートル進めばプラス1点として、これらの自動車を点数が最大になるように走らせて学習させると、やがてこれらの自動車は、他の自動車とぶつからずに走るようになるという手法です。

わざわざ教師データを作成する必要がない点がメリットですが、膨大なトライアル＆エラーを繰り返さなければならない場合には、時間と費用がかかるというデメリットがあります。

④ ディープラーニング（Deep Learning）

　現在の AI ブームの火付け役となったのが、ディープラーニングという方法です。これは、人間の脳の情報処理を模したニューラルネットワークを多数の層で実行することで、学習済みモデルを作成する手法です。

　人間の脳は、神経細胞(ニューロン)のネットワークからできています。ニューロンは、細長い軸索と木の枝のように分岐した樹状突起からなり、樹状突起の先端にはシナプスと呼ばれる部分があります（**図表 I-1-4**）。シナプスが、他のニューロンから神経伝達物質を受け取る量が一定に達すると、発火して電気信号を発生させます。その電気信号が軸索を伝わって別のシナプスに到達すると、そのシナプスが神経伝達物質を放出し、他のニューロンのシナプスが発火します。この発火の連鎖によって人間の脳が活動しています。ニューラルネットワークは、この仕組みをコンピュータのプログラム上でモデル化したものです。

【図表 I-1-4】ニューロン

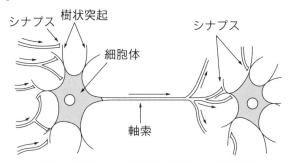

出典：福岡真之介『AI の法律と論点』商事法務、2018年3月、13頁

　ニューラルネットワークの仕組みでは、入力層のニューロンに相当するもの（ノードと呼ばれる）に入力された値に対して数値による重みづけ（w1、w2）を行って値を出力し、中間層（隠れ層とも呼ばれる）のノードに値を伝達します（**図表 I-1-5**）。中間層のニューロンは、その値の合計値

が一定の閾値を超えると、その合計値に一定の計算式（関数。活性化関数と呼ばれる）を適用した値を出力して、次の層のニューロンに対して同じように数値による重みづけを行った出力をします。このニューロンの中間層を重ねていく（ディープにしていく）ことから、ディープラーニングと呼ばれるようになりました。

　ディープラーニングでは、モデルが最適解を出せるように各ニューロン（ノードとも呼ばれる）間の出力の重みづけを調整することで学習をします。この重みづけの膨大なデータは、「学習済みパラメータ」と呼ばれますが、これが学習の成果物といえます。

　学習済みパラメータは、ニューラルネットワークの構造（ノード数、活性化関数等）、重みづけ値の調整方法、入力データ、教師データなどに基づいて生成されることになります。そのため、例えば、入力データが変わると、学習済みパラメータが大きく変わる可能性があります。また、ノード数や中間層の数が増加するとノード間の数も幾何級数的に増えるため、大規模なニューラルネットワークとなると、学習済みパラメータの数も膨大な量となります。

【図表 I-1-5】ニューラルネットワーク

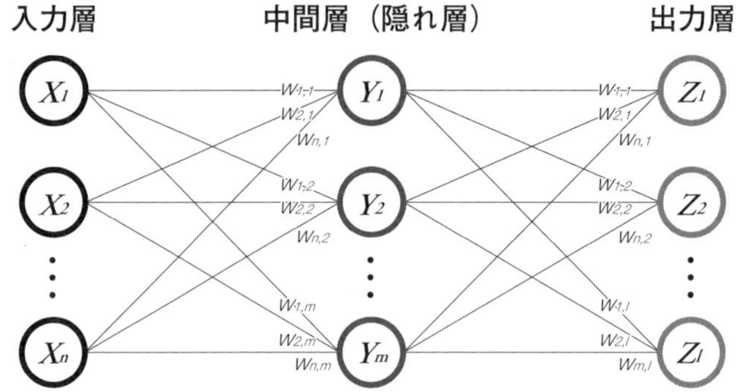

出典：福岡真之介『AI の法律と論点』商事法務、2018年3月、13頁

ディープラーニングにより作成されるプログラムは、機械学習のその他の方法で作成されるプログラムと大きな違いがあります。

　ディープラーニング以外の機械学習は、基本的に与えられた情報から有用な情報（パラメータ、要素等）を分析的な手法によって抽出するものです。そのため、プログラムによって達成するべき目的を決めた上で、どのようなルールによってその目的を達成するかというルールを人為的に設定し、それをプログラムする必要があります。

　これに対して、ディープラーニングにより作成されるプログラムは、ディープラーニング用の学習用プログラムに、入力するデータと、入力データに教師データを用いてディープラーニングを行うことにより作成することができるため、そのような人為的ルールの設定は不要です。

　このように、同じ機械学習に分類される手法であっても、ディープラーニングとディープラーニング以外の機械学習との間には、プログラムとして異なる部分があります。

　なお、ディープラーニングは、教師あり学習の一手法として分類されることもありますが、教師データを与えることを要しない手法もあり、教師なし学習や強化学習においても利用されています。

4 本書が対象とする AI技術

　このように、ひと口に「AI」といっても、その意味する範囲は非常に広く、定義もあいまいなため、AI の話をするときに、相手方が思い描く「AI」と、あなたの考えている「AI」とが異なることも十分に考えられます。

　本書では、実際に利用するためのテクノロジーとしての AI についての話であるため、AI を「AI 技術」という意味で使います。「AI 技術」とは、人間の行い得る知的活動をコンピュータ等に行わせる一連のソフトウェア技術の総称のことを意味します。ポイントは、AI をあくまでソフトウェア技術という技術分野の枠組みの中で考えるという点です。

　以下では、AI 技術を利用したソフトウェアを単に「AI ソフトウェア」と呼びます。この AI ソフトウェアを作成するには、典型的には、生データを加工して学習用データセットを作成し、この学習用データセットを使って「モデル」に学習させ、「学習済みモデル」というものを生成するというプロセスを踏むことになります。「モデル」とは、わかりやすく言えば、データを特定のアルゴリズムによって解析する仕組みのことであり、AI ソフトウェアではプログラムとして記述されます。

　例えば、画像認識のための AI ソフトウェアであれば、多くの人の顔の画像データを加工して学習用データセットを作成して、これを画像認識に向いているディープラーニングのモデルの一つである CNN（畳み込みネットワーク）を使って学習させ、学習済みモデルを生成するといっ

【図表 I -1-6】学習済みモデルの作成

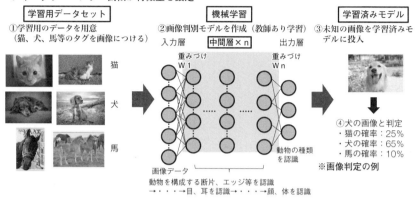

従来の機械学習：人が特徴量を設定
ディープラーニング：機械が特徴量を設定

出典：内閣府「本検討委員会の背景及び関係省庁の取り組みについて」

たことが考えられます（**図表 I -1-6**）。

　AIソフトウェアの開発においては、開発を依頼する企業が、ソフトウェア開発をビジネスとするIT企業に対して、AIソフトウェアの開発を委託することが一般的な形態といえます。

　開発を依頼する企業を「ユーザ」と呼び、開発を担当するIT企業を「ベンダ」と呼ぶことが一般的です。

　ベンダは、AI技術を利用したソフトウェアに関する専門知識を有していることが多く、AI技術を利用したソフトウェアに関するプログラム・ノウハウ等の作成・提供を行うのが通常です。

　他方、AI技術を利用したソフトウェアの開発は、ユーザの事業に利用するために行われるため、機械学習に利用するデータはユーザが提供することが比較的多いといえるでしょう。

第**2**章

AI ソフトウェア
の特徴

　本書では、AI 技術として、ディープラーニングを含む機械学習を利用した
ソフトウェアを「AI ソフトウェア」と呼ぶことにします。AI ソフトウェア
は、従来型のソフトウェアと違った技術的特徴があります。そのような技術
的特徴があるために、開発の手法や法的問題点にも特徴が出てくることにな
ります。

　AI ソフトウェア開発についての契約書を作成・締結する場合には、AI ソ
フトウェアの特徴を十分に把握しておく必要があることは言うまでもありま
せん。

　本章では、AI ソフトウェアについて、まずその構成要素を解説した上で、
①技術的特徴、②開発方式の特徴、③契約上の主な留意点について解説しま
す。

1 AIソフトウェアの構成要素

　AIソフトウェア（典型的には学習済みモデル）の開発においては、まず、①学習済みモデルの生成段階である「学習段階」があり、次に、②生成された学習済みモデルを利用する「利用段階」があることが想定されます。それを図表化したものが**図表I-2-1**です。

【図表I-2-1】学習段階・利用段階の流れ

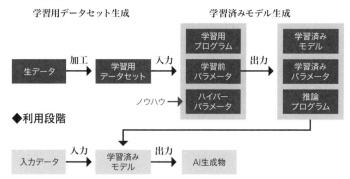

出典：経済産業省「AI・データの利用に関する契約ガイドライン」12頁

1 学習段階

　学習段階は、収集・蓄積された「生データ」から「学習用データセット」を生成し、それを利用にして、最終的な成果物としての「学習済み

モデル」を生成する段階です。

(1)学習用データセットの生成段階

　本書では、ユーザやベンダなどにより一次的に取得されたデータを「生データ」と呼びますが（他にも「元データ」「一次データ」などと呼ぶこともある）、通常は、生データは、そのままでは機械学習をするには向いていないため、機械学習をするのに適した形に加工することになります。

　このように、生データから学習済みモデルを生成するための第一段階として、「生データ」の欠測値・外れ値の除去等の前処理や、正解データのラベル情報といった別個のデータを付加するなどして、変換・加工処理をすることによって、学習を行うのに適した「学習用データセット」を生成するプロセスがあります。

　また、生データとは別個のデータを付加することを「アノテーション」と呼びます。付加データは、生成される学習済みモデルの内容・品質に大きな影響を及ぼしますが、生データと結合してこそ価値があるデータであり、単独では価値がないという特徴があります。

　さらに、学習用データセットには、データ量を増やすために、生データに一定の変換を加え、「水増し」することがあります。この手法はデータオーギュメンテーション（データ拡張）とも呼ばれています。

　以上から、「学習用データセット」とは、生データに変換・加工処理をした二次的データといえます。

　なお、生データにアノテーションを付したものを「教師データ」、教師データを機械学習用に加工したものを「学習用データセット」として区別して取り扱うこともあります。これは、ユーザが教師データを作成し、それをもとにベンダが学習用データセットを作成するという場合があるためです。

(2)学習済みモデルの生成段階

　「学習済みモデル」を生成するために、学習用データセットから、モデルを生成するためのアルゴリズムを実行する「学習用プログラム」を用意します。

　「学習用プログラム」とは、あるモデルについて、採用する学習手法による学習を実現するために、コンピュータに実行させる手順を規定するプログラムのことです。

　学習用プログラムの開発においては、ベンダが作成した既存のものを利用する場合、それに手を加える場合、スクラッチからつくり上げる場合があります。

　もっとも、学習用プログラムの開発では、OSS（オープン・ソース・ソフトウェア）と呼ばれるソースコードが公開され、無償での利用が許諾されたソフトウェアを利用することも一般的な手法です。

　このような学習用プログラムに、学習用データセットを入力して、「学習済みパラメータ」を含む「学習済みモデル」を生成します。「学習済みパラメータ」とは、学習用データセットを用いた学習の結果、得られたパラメータ（係数）のことです。

　学習済みパラメータは、単体では単なるパラメータ（数値等の情報）にすぎず、これを「推論プログラム」に組み込むことで初めて学習済みモデルとして機能することになります。例えば、ディープラーニングの場合には、学習済みパラメータの中で主要なものとしては、各ノード間のリンクの重みづけパラメータがこれにあたります。

　「推論プログラム」とは、モデルのアルゴリズムを記述し、組み込まれた学習済みパラメータを適用することで、入力に対して一定の結果を出力することを可能にするプログラムです。

　ここで、「学習済みモデル」という言葉が出てきましたが、この用語の定義は、いまだ確立されておらず、利用する人によって意味が違うこ

とがあるため、注意が必要です。

　本書では、「学習済みモデル」の定義について、最も一般的であると考えられる「学習済みパラメータが組み込まれた推論プログラム」（推論プログラム＋学習済みパラメータ）を「学習済みモデル」と呼ぶことにします。

■ 2　利用段階

　利用段階では、学習済みモデルに、未知の「入力データ」を入力し、その出力として一定の結果を得ます。この結果は、過去のデータに基づいて、新しいデータを推論したものであるといえます。

　例えば、画像認識のための AI ソフトウェアの学習済みモデルであれば、大量の画像データを使って学習済みモデルを生成し、それに新しい画像データを入力すると、何が写っているのかを推論し、その結果を表示するということが考えられます。この場合、我々は学習済みモデルの推論結果を利用していることになります。

2 AIソフトウェアの技術的特徴

　AI ソフトウェアには、従来型のソフトウェアと違った技術的特徴があります。

　従来型のソフトウェアは、基本的に、プログラムを条件と命令で記述するものであり、ロジックを積み上げていく形で作成していきます。そのため、非常にロジカルにできており、バグがあるとすれば、それはロジックに間違いがあったということになりますし、バグを見つけることは論理的に可能です。

　これに対して、機械学習を利用する AI ソフトウェアでは、データを利用して、ソフトウェアを「学習」させます。つまり、機械学習では、「データを利用すること」と「学習させること」という点で、従来型のソフトウェアとは技術的に大きく異なります。

　AI ソフトウェアでは、データを利用することから、出来上がったものはデータに依存することになり、従来型のようにロジックを積み上げて出来上がるものではなくなります。AI ソフトウェアは、アルゴリズムや学習方法を記述した「学習用プログラム」をつくった上で、そこにデータを入れていき、良い結果が出るように調整していくという形で進めていくため、結果を見ながらプログラムをつくっていきます。わかりやすく言えば、プログラムという箱を用意して、そこにデータを入れることで、最終的なソフトウェアを作成していくものであり、データという「結果」からソフトウェアを作成していくというイメージです。

AIソフトウェアにとっては、多くの場合、データが非常に重要となり、データドリブン（データ駆動型）なソフトウェアといえます。IT用語で「Garbage in, Garbage out」というものがありますが、ゴミのようなデータでAIソフトウェアを作成しても、ゴミのようなAIソフトウェアしかできません。そのため、データの収集や前処理に、かなりの時間と労力を必要とします。ケース・バイ・ケースですが、AI開発のソフトウェアの時間・労力の7〜8割がデータの取扱いに割かれるという話もあります。

　また、AIソフトウェアでは、データを扱うことや学習させるというステップが不可欠になることから、プログラムの作成以外に、データの取扱いや学習方法についてのノウハウが、良いAIソフトウェアを作成するのに重要となります。

　さらに、従来型のソフトウェア開発の場合、契約に定めた性能のソフトウェアが得られなかった場合には、ソフトウェアの処理プロセスを再度検証・修正することによって、原因が特定できることも少なくありません。これに対して、AIソフトウェアでは、期待された精度を達成しない場合に、その問題点が、データなのか、アルゴリズムの選択なのか、学習のためのパラメータなのか、プログラムのバグなのか、原因を特定するのに困難が伴うことが想定されます。

　つまり、学習済みモデルの生成には、従来型のソフトウェア開発の場合と異なり、事後的な検証をすることや、欠陥・瑕疵を修正することが困難であるという特徴もあるといえます。

3 AIソフトウェアの開発方式の特徴

　このような AI ソフトウェアの技術的特徴は、開発方式にも影響を与えることになります。従来型のソフトウェア開発の手法としては、システム開発では、「ウォーターフォール型」という手法がよく用いられています（**図表 I-2-2**）。この手法は、ソフトウェア開発の過程を「システム化の方向性」、「システム化計画」、「要件定義」、「システム設計」、「ソフトウェア設計・プログラミング・ソフトウェアテスト」、「システムテスト」、「運用テスト」、「運用」、「保守」等の工程に分割し、前工程を完了させてから後工程に取り掛かるというものです。この手法では、最初の要件定義の段階で、ユーザがシステムに要求する機能要件や非機能要件を定義し、それに従って、あたかも水が上流から下流に流れるように開発や試験のプロセスを行い、後工程から前工程に後戻りしないことを基本コンセプトとしています。

【図表 I-2-2】 ウォーターフォール型のシステム開発の流れ

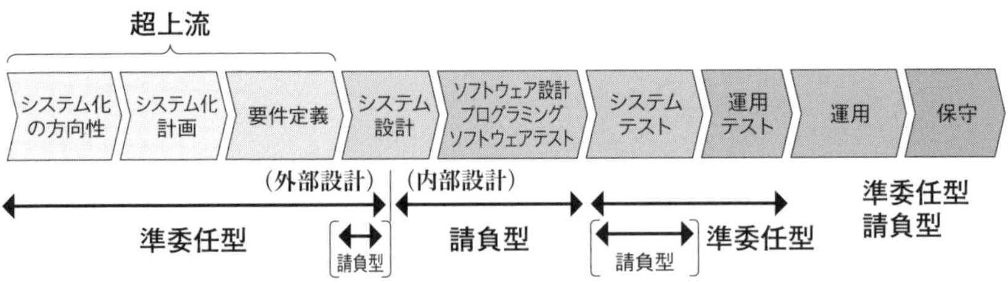

出典：経済産業省「情報システムの信頼性向上のための取引慣行・契約に関する研究会」
　　　報告書（平成19年4月）

ウォーターフォール型の開発方式は、計画性を重視する開発方式であり、段階的に開発ステップを踏んでいくため、工程の管理が比較的容易であり、高度の信頼性を要求されるシステムの開発に適しているといわれています。

　もっとも、ウォーターフォール型の開発方式は、システムに要求すべき機能要件・非機能要件といったシステム開発のゴールである要件定義を固めた上で開発を始めるため、開発目標を途中で変更することは想定されておらず、柔軟な対応ができません。ウォーターフォール型では、後戻りさせることは水を逆流させるのと同じで、大変な労力が必要となります。

　また、他の開発手法として、アジャイル型というものもあります。アジャイル型開発方式は、開発、試験、改善などの工程で構成されるイテレーション（iteration）と呼ばれる比較的短期間で完結するサイクルを反復しながら行う開発方式です。

　これに対して、AIソフトウェアの開発について、典型的なものとしては、①モデルを記述した学習用プログラムを準備し、②それに学習用データセットを投入して学習させ、③出来上がったものの挙動や精度を見て、モデル・データ・学習方法などの手直しを行い、④再度、学習させ、⑤最終的に満足のいく挙動や精度が出る学習済みモデルを生成していくというものです。

　このように、AIソフトウェアの開発は、試行錯誤をしながら開発をしていくことが多く、後戻りを許さないウォーターフォール型の開発方式は、一般的には向いていません。AIソフトウェアの開発は、試行錯誤的な開発であることから、アジャイル「的」な開発であるといえますが、アジャイル型は、開発期間の短期化を主目的としている点で、必ずしもそうではないAIソフトウェアの開発と異なります。そのため、第II編で取り上げる経済産業省の「AI・データの利用に関する契約ガイ

ドライン（2018年6月）」（以下、「AI契約ガイドライン」）では、AIソフトウェアの開発方式として、「探索的段階型」の開発方式を提唱しています。

4 AIソフトウェア開発の類型

　AIソフトウェア開発の主な類型としては、①学習済みモデルのみ生成する類型、②学習済みモデルを含んだシステムを開発する類型、③学習済みモデルの生成の再受託を受ける類型の3つの類型に分けることができます。

【図表I-2-3】AIソフトウェア開発の類型
◆学習済みモデルのみ生成

◆学習済みモデルを含んだシステムを開発

◆学習済みモデルの生成を再受託

出典：経済産業省「AI・データの利用に関する契約ガイドライン」38頁

① 学習済みモデルのみ生成する類型は一番シンプルな類型で、AI ソフトウェア開発の原型といえます。

② 学習済みモデルを含んだシステムを開発する類型は、AI ソフトウェアをシステムに組み込んで開発する類型です。

③ 学習済みモデルの生成の再受託を受ける類型は、SIer（システム・インテグレータ）が、ユーザからシステムの開発を受注し、学習済みモデルの生成については、別の企業に開発を委託するという類型です。

　大規模システムの一部に学習済みモデルが利用されるケースにおいて、システムの開発には従来型のシステム開発契約が作成されることも考えられますが、その場合には、AI ソフトウェアの特徴を契約に反映することが見過ごされてしまう可能性もあるため、注意が必要です。

5 AIソフトウェア開発の契約上の主な留意点

　従来型のソフトウェア開発と比べた AI ソフトウェア（学習済みモデル）開発の契約上の主な留意点としては、以下のものがあります（**図表 I-2-4**）。

① 開発対象となる学習済みモデルの内容・性能等が契約締結時に明確にできず、性能・品質を保証することが困難な場合が多い
② 学習済みモデルの内容・性能等がデータに依存する
③ ノウハウの重要性が高い
④ 生成物にさらなる再利用の需要が存在する
⑤ 様々な中間生成物が生成される

以下で詳しく解説します。

【図表 I-2-4】AI 技術を利用したソフトウェア開発の一般的特徴

	従来型ソフトウェア	AI ソフトウェア
技術的性質	演繹的アプローチ (動作原理が把握しやすい)	帰納的アプローチ (動作原理の把握が困難)
開発対象の確定	しやすい	契約初期は困難
性能確定・保証	しやすい	未知の入力データに対する 性能保証が技術的に困難
事後的な検証等	しやすい	困難
データへの依存	低い	内容・性能等は学習用 データセットに左右される
ノウハウの重要性	高い	より高い (データセットの加工など 従来にはない新たなノウハ ウが結果に影響。また、ユー ザのノウハウも重要)
生成物再利用 の需要	高い	より高い (学習済みパラメータの変 更により精度向上や多目的 利用が可能)

出典：経済産業省 情報経済課「AI・データの利用に関する契約ガイドラインの概要」(2019
年7月)

① 開発対象となる学習済みモデルの内容・性能等が契約締結時に明
　確にできず、性能・品質を保証することが困難な場合が多いこと

　従来型のソフトウェア開発の場合、開発初期に企画・要件定義の段階
が設けられており、どのようなソフトウェアが開発されるかについて、
ある程度、明確になってから開発に着手するのが通常です。また、開発
されたソフトウェアは、その計算・処理過程がロジカルであり、その挙
動を予測することも比較的容易であるといえます。そのため、ベンダが、
事前に一定の性能保証をすることも考えられます。

これに対して、学習済みモデルを生成する場合には、通常、ユーザが用意したデータから学習用データセットを作成するため、ユーザが求める挙動や精度を満たす学習済みモデルを完成できるかについて、ベンダが事前に予測することは難しいといえます。

　また、学習済みモデルは、過去の利用可能なデータを使って学習するため、未知の入力（データ）に対して、どのような挙動をするのかを確実に予測することはできず、その性能を保証することは困難です。

　そのため、学習済みモデルを生成する前の段階では、学習済みモデルの内容・性能等を明確にできず、ベンダがその性能・品質を保証をすることが困難な場合が多いといえます。

② 学習済みモデルの内容・性能等がデータに依存すること

　学習済みモデルの生成は、学習用データセットを利用して行われるため、学習済みモデルの性能は、学習用データセットと、その材料である生データの品質に大きく依存します。

　例えば、学習用データセットに含まれるデータに本来の統計的性質を反映していないデータ（外れ値）が多数混入していた場合や、学習用データセットのデータに大きな統計的なバイアスが含まれていた場合等は、精度の高い学習済みモデルを生成することは困難です。

　また、学習用データセットは、その性質上、次のような原理的な限界を有するといわれています。

・学習時と推論時の確率分布が類似していることを前提としており、学習時と推論時の確率分布が大きく異なるような場合には機能しないことがあり得る。
・学習用データセットに反映されないような「まれな事象」に対して、推論が及ばない可能性がある。
・学習用データセットから統計的なバイアスを排除することは不可能で

あり、生成された学習済みモデルを未知データに適用する場合には、本質的に誤差が含まれる。

このように、学習済みモデルの内容・性能等は学習用データセットによって左右されることになるため、契約においてもこの点を考慮する必要があります。

③ ノウハウの重要性が高いこと

学習済みモデルの生成・利用過程では、ユーザ及びベンダの有する様々なノウハウが利用され、学習済みモデルの性能に大きく影響することになります。

従来型のソフトウェア開発においてもノウハウは重要でしたが、学習済みモデルの生成においては、学習用データセットの収集・加工方法や学習用プログラムを実行する際のハイパーパラメータの設定など、従来型のソフトウェアで想定されていなかった新たな種類のノウハウも重要となります。

もっとも、一言でノウハウといっても様々で、価値の高いノウハウもあれば、同業者であれば簡単に思いつくことができるノウハウもあり、ノウハウであれば、どのようなものであっても価値が高いというわけではありません。

具体的に想定されるノウハウとして、次の（a）〜（c）があります。

（a）生データの取得・選択

生データの取得・選択に関する知識はノウハウになり得ます。このようなノウハウは、生データの提供主体であるユーザが持っていることが多いといえますが、AIソフトウェアの開発にあたって、ベンダが、生データの取得や選択、それらについてのアドバイスを行うこともあります。

例えば、画像処理に関する学習を行う場合、どのような画像データ(画

像の種類や条件等）を取得すれば学習を行いやすいのかのノウハウは、そのような学習の経験があるベンダが有していることも考えられます。

(b) 学習用データセットへの加工

　学習に適した生データ加工のノウハウは、ベンダ側が有していることが多いといえます。

　例えば、画像処理に関する学習を行う場合、画像に対してどのようなラベル付けを行えば学習しやすいのかについては、画像処理に関する学習を行った経験を有するベンダであれば、通常そのノウハウを持っています。

(c) 学習用プログラムを用いた学習

　学習用プログラムを用いた学習には、ベンダのノウハウが用いられることが多いでしょう。例えば、学習の際に行われるハイパーパラメータの調整はノウハウといえます。

　ハイパーパラメータとは、学習の枠組みを規定するために用いられるパラメータであり、モデルに含まれるパラメータと区別するために「ハイパーパラメータ」と呼ばれます。ハイパーパラメータの例としては、学習のために設定する学習率や学習回数（エポック）が挙げられます。

④ 生成物にさらなる再利用の需要が存在すること

　AIソフトウェア開発においては、従来のソフトウェア開発とは異なり、学習用データセットや学習済みモデルといった生成物について、他の開発のために流用することが可能な場合があり、より多くの場面で研究開発あるいは商業目的での再利用をすることが考えられます。

　学習済みモデルの具体的な再利用の方法としては、次の方法が考えられます。

・新たなデータを使った追加学習をして、新たな学習済みモデルを生成する。

・学習済みモデルの入力データと出力データを利用して、新たな学習済みモデルを生成する（蒸留モデル）。

・複数の学習済みモデルの出力結果を組み合わせることで、学習済みモデルの精度を向上させる（アンサンブル学習）。

　このように、学習済みモデルについては再利用をすることが可能であるため、その取扱いをどのようにするかを検討し、取り決める必要が生じます。そして、ベンダとしては、これらの学習済みモデルなどの生成物を再利用することで、新たな技術開発や事業展開の基礎とする要望がある一方で、ユーザとしては、自らのデータを利用して、多大な費用と労力を費やして生成された学習済みモデルなどの生成物の再利用を制限したいという考えを持つこともあり、両者の利害調整が必要になることがあります。

⑤ 様々な中間生成物が生成されること

　AIソフトウェア開発においては、従来のソフトウェア開発とは異なり、最終的な成果物である学習済みモデルとは別に、学習用データセットや学習用プログラムといった中間生成物が生み出されることが一般的です。そのため、これらの中間生成物の権利関係や利用条件の設定を検討し、取り決める必要が生じます（**図表 I-2-5**）。

【図表 I-2-5】 AI 開発過程における材料・成果物

AIの開発においては、従来型のソフトウェア開発に比べると、<u>多様な材料・中間生成物・成果物が想定</u>される。

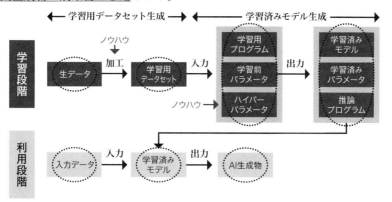

その法的性質を類型化して分析すると…

データ	・知的財産権の対象とならず、法律上のデフォルトルールがない場合が多い。 ・データは所有権の対象とならず、現実にアクセスできる者が利用可能。
プログラム	・プログラムの著作物や発明として、知的財産権（著作権法又は特許法）の対象となり得る。知財法のデフォルトルールを踏まえて、契約による修正の要否を検討。
ノウハウ	・知的財産権の対象とならず、法律上のデフォルトルールがない場合が多い。 ・ノウハウは所有権の対象とならず、現実にアクセスできる者が利用可能。

出典：経済産業省 情報経済課「AI・データの利用に関する契約ガイドラインの概要」(2019年7月)

6 AIソフトウェア開発における問題

AI ソフトウェア開発の典型的なパターンは、ユーザがベンダに開発を依頼した上で資金とデータを提供し、ベンダは、プログラムを作成するための労務やノウハウを提供するというものです（**図表 I-2-6**）。

なお、場合によっては、ユーザがノウハウを提供したり、ベンダがデータを提供することもあります。最近では、ベンダの AI 開発実績が積み上がった結果、ベンダ側が AI 開発用のデータを持ち、それを提供するケースも増えています。

図表 I-2-6が示すように、AI ソフトウェア開発は、ユーザとベンダの共同研究開発的な要素が強いといえます。実際に、AI ソフトウェア開発の中には、共同研究開発として行われているものもあります。

【図表 I-2-6】AI ソフトウェア開発の典型例

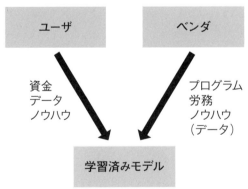

従来のソフトウェア開発では、ユーザは、業務に直接かかわるデータをベンダに提供するということは基本的にありませんでした。もちろん、例えば、ERP（基幹系情報システム）を開発するときに、業務プロセスについての情報などをベンダに提供することはありますが、その情報は業務データそのものではありません。しかし、AIソフトウェア開発では、一般的に、業務データを大量にベンダに渡すことになります。そのため、ユーザとしては、提供したデータが漏えいした場合にどうなるのか、他社に間接的にしろ直接的にしろデータが流出すると自分たちの競争上の優位性が下がるのではないか、ということが気がかりになると考えられます。そこで、データやデータから読み取れるノウハウの保護が問題となります。

　また、AIソフトウェア開発の成果物の権利関係について、ユーザとベンダの立場が異なります。

　ユーザは、AIソフトウェア開発の成果物について、特に学習済みモデルや学習用データセットについて、「自社が資金とデータを提供しているのだから、学習済みモデルは自社のもの」という考え方を持つことがあります。また、自社が資金とデータを提供した学習済みモデルを、ライバル企業に使われたくないと考えます。そのため、ユーザは、学習済みモデルの権利は自社が確保したいと考えがちです。

　これに対して、ベンダは、学習済みモデルの権利をユーザに全部取られてしまうと、その中には自社の過去に作成したプログラムやノウハウが入っているため、今後、自社の商売ができなくなることを恐れます。また、開発した学習済みモデルを、他社に提供するなどの横展開をすることで収益モデルを確立したいのに、そのような収益モデルが成り立たなくなることを心配します。

　学習用データセットの権利関係についても同じように、ユーザとベンダとで立場の違いがあります。

ユーザとベンダの立場をまとめると、次のようになります。

【ユーザ】
・自社のデータ・ノウハウを外部に流出させたくない。
・学習済みモデルは、自社が開発費を支払い、学習済みモデル生成のための学習に用いるために価値あるデータ・ノウハウを提供したのだから、それに関する権利は全部自社のものとしたい。
・学習用データセットは、自社のデータをベースに生成されたものであり、費用も自社が出しているのだから、それに関する権利は全部自社のものとしたい。
・学習済みモデルを競合事業者に使われたくない。
・学習済みモデルやこれを用いたシステムは、一定レベルのものを完成・納品してもらいたい。
・自らのデータを使って追加学習させて、学習済みモデルの精度をさらに上げたい。

【ベンダ】
・自社の研究・開発に関する事業の自由度を確保したい。
・プログラムやシステムに関する権利は、開発主体である自社に帰属してしかるべきである。
・学習済みモデルを横展開して一定の範囲で他社にも提供したい。
・学習用データセットは、自社のノウハウが反映されているものであるから、外部に流出させたくないし、それに関する権利は全部自社のものとしたい。
・追加学習して精度を上げた学習済みモデルを生成したい。
・ユーザの求める目的に合致する学習済みモデルを作成できるかどうかはやってみないとわからない。

・学習済みモデルの完成や性能についての保証はできない。

　このように、ユーザとベンダの立場に違いがあることから、契約交渉においては、考え方が相当に違うユーザとベンダの間で、どう折り合いをつけるかが問題となります。各当事者は、相手方の立場も理解した上で交渉に臨むことが重要です。

【図表Ⅰ-2-7】AI を巡る契約当事者の立場や考え方の違い

ユーザ		ベンダ
・**開発費を支払い**、学習済みモデル生成のための学習に用いるために価値ある**データ・ノウハウを提供**したのだから、学習済みモデルに関する権利は全部自社のものとしたい。 ・学習済みモデルを**競合事業者に使われたくない**。 ・自社のデータ・ノウハウを**外部に流出させたくない**。 ・学習済みモデルやこれを用いたシステムは**一定レベルのものを完成・納品**してもらいたい。 ・自らのデータを使って**追加学習**させて学習済みモデルの精度をさらに上げたい。	相互理解と調整が必要	・自社の研究・開発に関する**事業自由度を確保**したい。 ・プログラムやシステムに関する**権利は、開発主体である自社に帰属**してしかるべきである。 ・学習済みモデルを**横展開**して一定の範囲で他社にも提供したい。 ・**追加学習**して精度を上げた学習済みモデルを生成したい。 ・そもそもユーザの求める目的に合致する学習済みモデルを作成できるかどうかはやってみないとわからない。 ・学習済みモデルの完成や未知の入力（データ）に対して**性能の保証はできない**。

出典：経済産業省　情報経済課「AI・データの利用に関する契約ガイドラインの概要」(2019年7月)

第 **3** 章

AI ソフトウェア開発の
戦略とビジネスモデル

本章では、AI ソフトウェア開発の戦略とビジネスモデルについて、
ユーザ視点とベンダ視点のそれぞれから解説します。
なお、AI ソフトウェア開発の戦略と
ビジネスモデルに関しては様々なものが考えられ、
どれが正解というものではありませんし、
時代によっても変わるものである点には留意が必要です。

1 AIソフトウェア開発の オープン・クローズ戦略 （ユーザ視点）

　最近は、AI ソフトウェア開発に習熟したユーザの中には、AI ソフトウェア開発について、自社のコアビジネス部分に関する開発とノンコアビジネス部分に関する開発に分け、コアビジネス部分については、ユーザの権利の確保を図る一方で、ノンコアビジネス部分については、ユーザの権利の確保を求めないという動きも見られます。

　コアビジネス部分に関する開発としては、例えば、ユーザの本業の戦略製品に組み込む AI ソフトウェアの開発が挙げられます。ノンコアビジネス部分に関する開発としては、例えば、バックオフィスの業務効率を改善する AI ソフトウェアの開発が挙げられます。

　ユーザとしては、AI 開発において、自らのコアビジネスにとって重要であり、秘密性の高いデータを使用する場合には、その成果を他社に利用されたくないと考えるのが普通でしょう。しかし、例えば、秘密性の高いデータを使用しない場合には、ベンダによる成果物やデータの広い利用を認めても、実際のデメリットは大きくないと考えることができます。むしろ、そうした方が開発促進による成果の享受と開発費の抑制というメリットを受けることができます。これに対して、ユーザが成果物やデータを囲い込んでしまうと、他人の成果物やデータを利用できなくなってしまうことも多く、開発が非効率となり、技術発展から取り残されてしまう恐れがあります。

　ベンダとしては、高度かつ効率的な開発をするためには、成果物やデー

タの広い利用が認められることが望ましいことは言うまでもありません。しかし、ユーザが提供するデータや、それに基づいて生成される成果物について、顧客であるユーザの意向を軽視はできないという事情もあります。

そこで、AI ソフトウェアについて、当事者のニーズを考慮しながら、オープンにするものとクローズにするものを切り分けて、知的財産権の権利帰属や利用条件を決定することは合理性があるといえます。

このような考え方は、一般的な意味での知的財産のオープン・クローズ戦略と必ずしも一致するものではありませんが、他社に解放する領域と自社で囲い込む領域を分けて対応するという意味で、AI ソフトウェアについても、オープン・クローズ戦略をとることが有効と考えられます。

他方で、AI に関する知的財産を全て自社に囲い込むという戦略は、AI 技術に個別企業のリソースで対応することが人材的にも資金的にも困難な現実からすると、多くの企業にとっては、他社の有益な技術やデータを利用できないということにつながります。これから AI 技術を利用した商品・サービスが増えていく中で、囲い込み戦略をとる企業は競争から脱落するリスクが増えていく可能性が高くなります。

したがって、企業がこれから AI ソフトウェアを活用していくには、AI ソフトウェアにおけるオープン・クローズ戦略を理解することが重要です。

2 AIソフトウェア開発の ビジネスモデル (ベンダ視点)

　AI ソフトウェア開発のベンダの方と話していると、「ベンダはユーザから一方的に不利な条件を押し付けられる」という話を聞くことがあります。

　IT 産業は従来から下請構造が残っている部分がありますが、有利な条件で契約を締結している AI ソフトウェアのベンダもいます。

　このような違いはどこから生まれるのでしょうか。まず、ベンダの開発力・技術力が大きく影響することは言うまでもありません。開発力・技術力の高いベンダには、AI ソフトウェア開発を依頼する企業が殺到し、顧客を選ぶことができるため、有利な立場に立つことができます。

　しかし、高い開発力・技術力を持つことや、それを世間に知ってもらうことは容易ではありません。ベンダが下請構造から脱却するには、技術を磨くだけではなく、ビジネスモデルについても戦略的に考えていくことが重要です。ベンダが優位性を維持するための戦略としては、以下のものが考えられます。

① 売り切り型開発ではなく、ベースモデルをライセンス方式にする

　AI ソフトウェアの開発の委託を受けて成果物を納品して終わり、という売り切り型では、継続的な収益を得ることはできません。また、契約の内容次第ですが、成果物の知的財産権をユーザに移転してしまうと、自らの AI 技術を発展させることができなくなってしまいます。

そこで、ユーザへの AI ソフトウェアの開発は、ベンダの「AI エンジン」をベースにして、個別企業にカスタマイズする形で開発するという戦略が考えられます。この場合、ベンダは、ベースとなるモデルである「AI エンジン」についての権利はベンダに留保し、その権利をユーザにライセンスしてライセンス料を得ることになります。したがって、この場合の開発費は、カスタマイズ部分の開発費（一括払い）＋AI エンジンのライセンス料（継続払い）というハイブリッド方式にすることができます。

　この「AI エンジン」を他社にも提供することで、より多くのデータを取り込めるため、高い精度を達成しやすくなります。そして、この「AI エンジン」の精度が上がり評判が高くなると、より多くのユーザが利用するようになり、さらに精度が高まるという正のスパイラルが生まれます。

　このように、ベンダとしては、ベースモデルとしての「AI エンジン」を開発し、ユーザにライセンスするという戦略をとることにはメリットがあります。

② AI ソフトウェアをプラットフォーム・SaaS 方式で提供する

　上記①と同じ発想ですが、AI ソフトウェアを売り切り型にすると、ベンダの側で、AI ソフトウェアを発展させることや安定的な収益を得ることが難しくなります。そこで、AI ソフトウェアを売り切り型で開発するのではなく、プラットフォーム上で利用できるようにすることや、ユーザがサーバにアクセスすることで利用できるようにする SaaS 方式で提供し、ユーザに継続的に利用してもらうようにする戦略が考えられます。この場合、一般的には、AI ソフトウェアの開発の対価は、開発費というよりも、利用料として継続的に支払うという形になると考えられます。

もっとも、この方式は、汎用的な AI ソフトウェアを開発する技術が求められたり、ネットワークやプラットフォームの構築が必要となることが多いため、ベンダの負担が大きくなることがあります。

③ データを提供できるようにする

　AI ソフトウェアの開発にはデータが必要になることが一般的ですが、ベンダが開発に必要なデータを提供することでユーザに対する立場を強めるという戦略が考えられます。

　例えば、顔認証 AI や自然言語処理 AI といったものを開発する場合、ユーザのデータを使うこともあり得ますが、ベンダが独自に収集した顔のデータや自然言語のデータも役に立つのが一般的であり、ベンダがそれらのデータを AI ソフトウェア開発のために提供できることは強みとなります。そして、これらのデータが、入手困難なデータであればあるほど、ベンダの強みとなります。

　さらに、最近では、GAN（敵対的生成ネットワーク）によるデータの生成やアノテーションの自動化など、ベンダの提供するプログラム等を使って学習用データセットを生成することもあります。このようなデータの生成・加工の技術やシステムを提供できる技術を持ったベンダは、より強い立場に立つことができ、有利な交渉ができるようになると考えられます。

第 4 章
AI ソフトウェアと
知的財産権

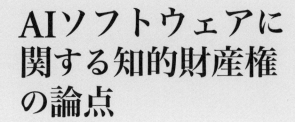

1 AIソフトウェアに関する知的財産権の論点

　知的財産に関する法律としては、特許法、実用新案法、著作権法、商標権、意匠法、種苗法、半導体回路配置法[1]、不正競争防止法などがあります。

　本章では、知的財産法のうち、AIソフトウェアとの関係で問題となることが多い著作権法と不正競争防止法について解説します。

　機械学習を利用したAIソフトウェアの作成については、先ほど述べたとおりですが、まず、「①学習用データセット作成段階」があります。そして、そのデータをつくった後に、「②学習済みモデル作成段階」があります。その後、「③学習済みモデル利用段階」があり、この段階で追加学習が行われることがあります。それぞれの段階について、知的財産権の問題が生じるため、本書では、この3つの段階に分けて考えることにします（**図表 I-4-1**）。

---

[1]　正式名称は、「半導体集積回路の回路配置に関する法律」である。

【図表 I-4-1】機械学習（ディープラーニング）の生成・利用方法のイメージ

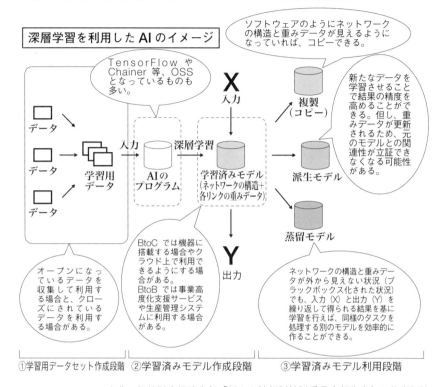

出典：知的財産戦略本部「新たな情報財検討委員会報告書」に筆者加筆

1　学習用データセット作成段階

　まず、学習用データセットをつくる段階において、その元となるデータの中に、第三者の著作物が入っていた時にどうしたらよいのかが問題となります。第三者の著作権があれば、著作者に無断で使うことはできないというのが原則です。しかし、著作権法では、機械学習をするために著作物を利用する場合には例外が認められています。また、知的財産権の話ではありませんが、データの中に個人情報が入っている場合はど

うしたらよいのか、ということも実務的には大きな問題になり得ます。

　次に、学習用データセットをつくるとなると、つくった学習用データセットの権利(知的財産権)を誰が持つのかが問題となります。学習用データセットは、非常に価値があるものになる場合もあります。学習用データセットについて、元データそのものに価値があることもありますし、元データを整理整頓したり、正解データ（アノテーション）を付すことによって価値が出てくる場合もあります。ユーザからすれば、学習用データセットについて、自社が元データと開発資金を提供したのだから自社のものだと主張したくなりますし、他方で、ベンダからすれば、学習用データセットを作成するには高度なノウハウが必要であり、そのノウハウを外部に流出させないために、自社が権利を持ちたいと考えることがあります。そこで、学習用データセットの権利を誰が持つのかが非常に大きな問題となります。

　さらに、学習用データセットをつくるときに、プログラムを利用して生成することもあります。そのような時に、学習用データセットをつくるための前処理プログラムの権利関係はどうなるのかも問題になり得ます。

▌ 2 ▏学習済みモデル作成段階

　次の学習済みモデル作成段階では、学習用プログラムを作成して、これに学習用データセットを投入して学習済みモデルを生成します。

　そこで、この段階で生成される学習用プログラムや学習済みモデルの権利（知的財産権）を誰が持つのかが問題となります。

3 　学習済みモデル利用段階

　学習済みモデルを利用する段階では、学習済みモデルについて、新しいデータセットを入れて追加学習することについて、そもそも適法にできるかが問題となります。例えば、学習済みモデルのプログラムの著作権を他社が有している場合に、著作権者の同意を得ないで学習済みモデルを改変できるかが問題となります。

　また、学習済みモデルに追加学習させてできた、いわゆる「派生モデル」についても、誰が権利を持つのかが問題となります。

　さらに、後で述べますが、「蒸留モデル」というものについても、適法にできるのかが問題となります。

4 　ノウハウ

　そして、3つの段階の全てにおいて、ノウハウをどのように保護するのかについても問題となります。

　ノウハウは、必ずしも著作権法の対象となる「表現」ではないことから、著作権の問題ではなく、不正競争防止法に規定される「営業秘密」や「限定提供データ」の問題となります。

　AI 開発において、ノウハウはとても重要です。ノウハウには、ベンダのものだけではなく、ユーザのノウハウもあります。

　例えば、学習用データセットをつくるときに、ユーザがベンダに対して、データの読み方やノイズの除去方法などについて情報提供すると、ユーザが持ってるノウハウがベンダに伝わってしまいます。その中で、ベンダが他社から AI 開発を受託したりすると、ベンダから他社にノウハウが流出するのではないかという懸念が生まれます。

　他方で、ベンダからすれば、学習用データセットのつくり方や学習の

方法も重要なノウハウであることから、それを守りたいということも問題になってきます。

　もっとも、ノウハウは、何がノウハウかが明確でないために、著作権や特許権という比較的明確な権利とは異なる特徴があります。

　一般的に、ノウハウを保護する方法としては秘匿することが考えられますが、第三者に開示する場合は、完全には秘匿できません。その場合には、契約で相手方に守秘義務を課し、漏えいした場合には契約違反を追及するか、ノウハウを不正競争防止法上の「営業秘密」「限定提供データ」の要件（不正競争防止法2条6項、7項）を満たすようにして、この不正取得・利用行為などについて不正競争防止法違反として責任を追及することが考えられます。

2 学習済みモデルについての法律問題

ここでは、学習済みモデルの法律問題について解説します。

具体的には、学習済みモデルの権利を誰が持つのかが問題となります。

また、新しいデータを入れて追加学習することは学習済みモデルを改変することになるわけですが、追加学習について学習済みモデルの権利者の許諾が必要かということも問題となります。

そして、追加学習させてできた派生モデルの権利は、学習済みモデルの権利者が権利を持つのか、それとも追加学習させた者が権利を持つのかも問題となります。

学習済みモデルについては、上記のような問題を解決していかなければなりませんが、まずは著作権法について検討していきましょう。

1 著作権法

(1)プログラムの著作物性

著作権法は、「著作物」を保護しています。著作物とは、「①思想又は感情を、②創作的に、③表現したものであって、④文芸、学術、美術又は音楽の範囲に属するもの」という定義が著作権法2条1項1号に定められています。これらの①～④の4つの要件を満たすと著作物として認められます。

なぜ、このように定義されているかというと、もともと著作権法は、

小説、絵画、音楽などの芸術作品を想定し、このような人間の創作物を保護するという前提で法律がつくられました。

そして、この著作物の定義によると、まず、単にアイデアにとどまるものは表現ではないため、著作物には該当しないことになります。どんなに素晴らしいモデルを考え出しても、また、こういう学習方法が効果的だというアイデアが浮かんだとしても、アイデアだけでは、それは表現にはなっていないため、著作物にあたらないことになります。もっとも、そのようなアイデアがプログラムとして具体化して表現になっていれば、著作物になり得ます。

また、単に事実を示すだけのデータも著作物にあたりません。著作物は、人間の「思想、感情」を表現したものである必要があるところ、単なる事実データは、人間の「思想、感情」を表現したものではないため、著作物にはあたらないことになります。

ちなみに、④の要件の「文芸、学術、美術又は音楽の範囲に属するもの」とは、かなり広い範囲をカバーしていて、プログラムは学術の範囲に属するといわれています。

なお、著作権法は、明確に著作物にあたらないものとして、プログラミング言語、プロトコル、アルゴリズムを挙げています（著作権法10条3項）。したがって、そういったものは著作物にはなりません。

プログラムが著作物になるかについては、昔はかなり議論がありましたが、最終的には法律が改正されて、著作権法でもプログラム著作物という著作物が定められています（著作権法10条1項9号）。もっとも、そのプログラムが当然にプログラム著作物として認められるわけではなく、先ほどの4つの要件、すなわち「思想、感情を創作的に表現したもので、文芸、学術、美術、音楽の範囲に属するもの」という要件を満たす必要があります。

プログラムについて、裁判で著作権が争われた時によく問題になるの

が、「創作性」があるかどうかということです。簡単なプログラムならば、それを書いたときに、みんな似たようなプログラムになってしまいます。例えば、データを出し入れするような単純なプログラムであれば、その機能を実現するためのプログラムの書き方は非常に限定されています。そのようなプログラムをコピーした場合に著作権侵害になるかというと、著作権侵害にはなりません。なぜなら、そのような場合には、プログラムに創作性がなく、著作物にあたらないからです。

　著作権があるということは誰かが独占権を持つということを意味するため、他の人が使えなくなってしまうという弊害が生じます。そのため、一定の機能を実現するための表現の方法が限られているプログラムについては、著作物であることを簡単に認めるべきではないと一般的には考えられています。他方で、工夫に富んだ表現のプログラムについては、創作性が認められて、プログラム著作物にあたることになります。

　そこで、「創作性」の有無について、どのように判断するのかが問題となります。

　小説、絵画、音楽というのは創作性が認められやすいといえます。この創作性のレベルについては、高度な芸術である必要はなく、何らかの創作性があればよいため、幼児が描いた絵でも創作性は認められるといわれています。

　しかし、プログラムの場合は、小説、絵画、音楽とは違った特徴があります。プログラムは、小説、絵画、音楽のように表現そのものを利用するものではなく、コンピュータを動かすという一定の機能を実現するために記述されているものに過ぎません。このような著作物を「機能的著作物」と呼ぶこともあります。

　プログラムについては、低いレベルで創作性を認めてしまうと、簡単なプログラムに著作権を与えることになってしまい、その著作者が、それ以降につくられた類似のプログラムを排除することができるようにな

るため、非常に大きな弊害が生じることになります。

　そこで、プログラムの著作物性については、プログラムの創作性の判断基準が問題となります。

　プログラムの創作性の判断基準について、通説は、思想、感情の流出物としての個性があるかどうかで判断するという考え方です。しかし、この判断基準では、プログラミングのソースコードの中にプログラマーの個性があるかどうかで判断することになり、その判断が難しいため、この判断基準には批判もあります。

　そこで、この通説に対して、創作性の判断基準について、表現の選択の幅がどれくらいあるかで判断するという考え方があります。これは、ある一定の機能を実現するために、プログラムの書き方が数多くある中で1個を選んだということであれば、選択の幅があるため、創作性が認められるのに対し、ある機能を実現するために、プログラミングの書き方が限定されたものしかないのであれば、その中の一つを選んだとしても創作性はないという考え方です。

　実際の裁判例を見ると、プログラムの創作性が否定された裁判例はかなり多くあります。また、地裁では勝訴しても、高裁では逆転敗訴するという事件も数多くあり、裁判官によっても判断が分かれることがあります。

　プログラムの創作性については、電車線設計プログラム事件の東京地裁判決（東京地判H15・1・31、判時1820号127頁）を紹介します。東京地裁は、判決で次のように述べています。

　　プログラムは、その性質上、表現する記号が制約され、言語体系が厳格であり、また、電子計算機を少しでも経済的、効率的に機能させようとすると、指令の組合せの選択が限定されるため、プログ

ラムにおける具体的記述が相互に類似することが少なくない。仮に、プログラムの具体的記述が、誰が作成してもほぼ同一になるもの、簡単な内容をごく短い表記法によって記述したもの又は極くありふれたものである場合においても、これを著作権法上の保護の対象になるとすると、電子計算機の広範な利用等を妨げ、社会生活や経済活動に多大の支障を来す結果となる。また、著作権法は、プログラムの具体的表現を保護するものであって、機能やアイデアを保護するものではないところ、特定の機能を果たすプログラムの具体的記述が、極くありふれたものである場合に、これを保護の対象になるとすると、結果的には、機能やアイデアそのものを保護、独占させることになる。したがって、電子計算機に対する指令の組合せであるプログラムの具体的表記が、このような記述からなる場合は、作成者の個性が発揮されていないものとして、創作性がないというべきである。

　この裁判例は、プログラムが、誰が書いても同じようになるもの、短いもの、ありふれたものの場合に著作権で保護すると、コンピュータの利用を妨げて世の中に対して悪影響を及ぼすと指摘しています。また、著作権はプログラムの表現を保護するものであって、そのプログラムで実現しようとした機能やアイデアを保護するものではないということを指摘しています。

　そして、裁判所は、電車線の設計プログラムの創作性の有無について、作成者の個性が発揮されてるかを基準として判断し、この事件では電車線設計プラグラムには創作性がないものとして、著作権を認めないと判示しています。

（2）著作権者

　プログラムに著作権が認められるとしても、さらに別の問題が残っています。それは、誰が著作権者なのかという問題です。これに関して、著作者と著作権者という2つの概念があります。「著作者」とは、著作物を実際につくった人であり、「著作権者」とは、著作権を有している人のことをいいます。基本的に著作者は著作権者になりますが、著作者から著作権を譲り受けた人も著作権者となるため、著作者と著作権者が別々になる可能性があります。

　まずは、スタート地点となる著作者ですが、著作権法には、著作者とは「著作物を創作する者」と簡単にしか書いてありません（著作権法2条1項2号）。一般的には、創作的な表現に実質的に関与した人が著作者であると考えられています。そして、著作者は、著作権と著作者人格権を原始的に取得するとされています（同法17条1項）。そこで、誰が著作者かということが問題となります。

　一人で創作した小説や音楽であれば、誰が著作者かは比較的明らかですが、例えば、多くの人が関与する著作物については、誰が著作権者かが問題となることがあります。

　AIソフトウェアの作成についていえば、関与者としては、企画した人、資金を提供した人、プロジェクトをマネジメントした人、プログラマー、学習用データセットを提供した人、それを加工した人、学習させた人など、様々な人が関与することになり、誰が著作者かが問題となります。

　この問題については、一般的に次のように考えられます。

　①表現の前段階の関与は創作ではない

　②表現の中の非創作的部分の関与は創作ではない

　③表現外の周辺部分の関与は創作ではない

　したがって、それらの段階で関与した人たちは著作者にはなりません。

これをAIソフトウェアの開発に当てはめると、AIの作成を企画しただけの人やデータ・学習用データセット提供者は、学習済みモデルとの関係では、「①表現の前段階の関与」であるため、著作者にはならないと考えられます。

　指示に基づいてプログラミングする人も、「②表現の中の非創作的部分の関与」であるため、著作者にはならないと考えられます。

　プロジェクトマネジメントや資金を提供しただけの者も「③表現外の周辺部分の関与」であるため、著作者にはなりません。

　以上から、例えば、ユーザがデータを提供して、ベンダがプログラムを書いて、学習済みモデルを生成した場合は、データを提供しているだけのユーザは表現の前段階での関与に過ぎないのに対し、ベンダはプログラムを創作しているため、学習済みモデルのプログラムについてはベンダが著作者になる可能性が高く、ユーザは著作者にならないという結論が導かれます。

　この権利関係を変えたいときには、契約で著作権をベンダからユーザに譲渡して、著作権の帰属を変える必要があります。

　また、著作者が一人の場合は、その人単独に著作権が帰属することになりますが、著作者が複数の場合には共有となります。著作物の共有には、気を付けなければならない点があります。

　特許の共有の場合は、自己実施、つまり、自分で使うことについては他の共有者の同意は不要です。これに対して、著作権の共有の場合は、自分が利用する場合であっても、他の共有者の同意が必要になります（著作権法65条2項）。このように、著作権の共有は、特許と比べて権利の制約が大きいことを理解しておく必要があります。

　もっとも、著作権法には、著作権の共有者は正当な理由がない限り同意を拒むことができないという規定があります（同法65条3項）。そこで、相手方に同意を求めればよいのではないかという反論もありますが、正

当な理由の有無について争われてしまうと、裁判で決着をつけなければならないため、実務的には著作権法65条3項の規定に依拠することはできません。そのような事態を避けるためには、一般論としては、できるだけ共有は避けたほうがよいといえます。仮に、諸般の事情により著作権を共有するとしても、自社が使用できる、第三者にライセンスできることなどを契約書にきちんと書いておく（事前に相手方の同意を得る）べきでしょう。

(3) 著作者人格権

　著作物については、著作権とは別に、著作者人格権という権利があります。この著作者人格権は、著作権が、小説・絵画・音楽といったものを前提としており、勝手に書き換えられたり、公表されたりしたくないという著作者の人格を保護するために認められたという歴史的経緯があります。著作者人格権として、具体的には、公表権、氏名表示権、同一性保持権、名誉・声望を害する方法での著作物を利用されない権利があります。

　プログラムも著作物であるため、著作者人格権が認められています。プログラム著作物は、小説、絵画、音楽などと違って、著作者の人格はあまり関係ない著作物ですが、同じように取り扱われています。

　プログラムの著作者人格権で特に問題となり得るのが、同一性保持権、つまり、勝手に改変されない権利です。

　プログラムを改変することが同一性保持権の侵害となれば、プログラムを改変するときには、著作者の承諾を得る必要があります。

　もっとも、これについては、著作権法で一定程度の手当てがされていて、「プログラムの著作物を電子計算機においてより効果的に実行し得るようにするために必要な改変」は、著作者の許諾を得なくてもソフトウェアを利用する権限がある人は改変できるという例外規定が設けられています（著作権法20条2項3号）。

しかし、この例外規定は、いわゆるデバッグや軽微のアップデートを想定した上でつくられた条文だとするのが通説です。

　では、AI ソフトウェア開発において、追加学習して学習済みパラメータを変えることは、著作者人格権侵害にあたるのでしょうか。この問題については、後ほど検討したいと思います。

■ 2　学習済みモデルと著作権

　以上が著作権法の基本的な枠組みですが、これを前提として、学習済みモデルの著作権はどのように考えればよいのでしょうか。

　学習済みモデルを、「推論プログラム＋学習済みパラメータ」と定義した場合には、推論プログラム部分については、すでに解説したとおり、創作性があればプログラム著作物として著作権法で保護されることになります。

　一般的に、それなりの高度なプログラムであれば、創作性が認められる可能性は高くなります。他方で、ありきたりのプログラムでは創作性は認められません。

　もっとも、OSS を主要部分に利用して、インターフェースだけ少し手を加えたようなプログラムについては、著作権が認められない可能性があります。OSS 部分は第三者の著作物であり、インターフェース部分については、ありきたりなプログラムであれば、創作性がないとされる可能性が高いためです。そのようなプログラムは、主要部分に他人に著作権があるプログラムを利用しているため、自らに著作権がなくても当然の結果といえるでしょう。

　次に、学習済みパラメータ部分については、学習用プログラムが計算した数値データによって構成されることになります。そこで、この数値データに著作権があるか否かが問題となります。

AIソフトウェア開発では、学習済みパラメータを得るために、手間隙をかけて学習させるわけですし、学習済みパラメータが変われば性能も大きく異なってきます。このように学習済みパラメータは、AIソフトウェアの肝となる極めて重要なデータであるといえます。

　そこで、学習済みパラメータは著作物かという問題を考えてみます。

　この点、学習済みパラメータは、基本的には単なる数値データです。さらに、どのように作成されるかを考えた場合に、学習済みパラメータは学習用プログラムが自動的につくったものです。学習済みパラメータの数値は、最適な数値が出るように人間がアルゴリズムを設計し、学習用プログラムを生成したものですが、人間が計算した数値ではなく、入力したデータをもとにコンピュータが自動的に複雑な計算をした結果、導き出された数値です。ディープラーニングの場合、モデルによっては、学習済みパラメータの数が数百万ある場合もあります。

　そこで、このような学習済みパラメータが、著作権法にいう、「人の思想又は感情の表現」という著作物の要件を満たすのかが問題となります。そうすると、自動的に生成される学習済みパラメータは、「思想又は感情の表現」とはいえないという見解が出てきます。

　また、著作物の要件として、創作性の有無も問題となります。創作性の判断基準について、「個性があるか」を判断基準とする通説に立った場合には、この数値データがプログラマーの個性の表現といえるか否かで判断されます。数値の羅列である学習済みパラメータにプログラマーの個性を見いだすことは困難であるため、通説の判断基準だと創作性は否定されると考えられます。

　もっとも、創作性について、選択の幅の広さで考える見解に立った場合には、多くの選択の中で一つを選んだということが判断基準となります。数値は無限の選択肢があるため、この説に立てば、数値データであっても創作性があるという考え方も成り立ち得ます。

いずれにせよ、学習済みパラメータは、コンピュータが自動的につくったことを重視すれば、「人の思想又は感情の表現」ではないとして、著作物としての要件を満たさないと判断される可能性が高いといえます。

　現時点で、この点を判断した裁判例は一つもないため、裁判所がどのような判断を下すかはわかりません。判決が出るまで時間がかかるため、このような論点が裁判で争われ、裁判所の判断が示されるのは、かなり先のことになります。

　もっとも、筆者の意見としては、学習済みパラメータの生成は、人間が土台を設計し、コンピュータをあくまでも道具として使っているだけであって、人の思想・感情の表現といえる場合もあり、また、創作性の判断基準については選択の幅の広さで考えるべきであると考えているため、ケース・バイ・ケースですが、学習済みパラメータについて著作物性が認められる場合もあるのではないかと考えています。

　なお、学習済みパラメータそのものが著作物として認められないとしても、データベース著作物として認められるのではないかという考え方もあります。また、学習済みパラメータは、プログラムの不可欠な要素を構成しているため、プログラムの一部であるという考え方もあります。前述の電車線設計プログラム事件で、裁判所は、プログラムと協働して一定の機能を実現するものはプログラムにあたると述べています。そのため、データでも、プログラムと一体になって動くものは、プログラムであると考えられます。

　しかし、データベースは情報の検索をするためのものであるため（著作権法2条1項10号の3）、そのような目的で作成されていない学習済みパラメータについて、著作権法上のデータベースと解釈するのは厳しいと考えられます。また、学習済みパラメータがプログラムの一部だとしても、著作物として認められるには、その部分が創作性の要件を満たす必要があります。

以上から、学習済みモデルの著作物性について、プログラム部分は創作性があれば著作権が生じることになります。通常、プログラムはベンダがつくっているため、仮にプログラム部分に著作権があるとすれば、その著作権は、まずはベンダに帰属することが一般的と考えられます。次に、学習済みパラメータ部分については、著作権が生じるかどうかは、現時点では不明確であり、生じないと判断される可能性が高いといえます。

　したがって、学習済みモデルの著作権については、その一部のプログラム部分には著作権が生じる可能性がありますが、学習済みパラメータの部分については著作権が生じないとされる可能性があるという前提で考えるのが現実的です。

　なお、説明の便宜上、プログラム部分（推論プログラム）と学習済みパラメータ部分を分けて論じましたが、機能的には両者は一体です。つまり、推論プログラムについては、他の学習済みパラメータでも作動するため、単独でも価値があります。しかし、学習済みパラメータは、推論プログラムが体現するモデルと不可分一体であるため、単独で使えるものではありません。そのため、推論プログラムの権利と切り離して、学習済みパラメータの権利を論じても意味がないという考えもあります。もっとも、学習済みパラメータがOSSなどの汎用的な推論プログラムのパラメータである場合や、推論プログラムについてライセンスがある場合には、学習済みパラメータについて単独で権利関係を論じる意味も全くないわけではありません。

3 　不正競争防止法

　不正競争防止法は、他人の技術開発、商品開発等の成果を無断で利用する行為等を不正競争として禁止しています。そして、「営業秘密」や「限定提供データ」について、不正の手段を使って取得する行為や、不正取得したものを使用したり、開示したりする行為などに対しては、差止請求や損害賠償請求をすることが認められています（不正競争防止法3条、4条）。営業秘密の不正競争行為は、場合によっては刑事罰の対象にもなります。

　そこで、AIソフトウェアに関する成果やノウハウについては、不正競争防止法によって保護することが考えられます。

　不正競争防止法は、対象の形式を問わず「営業秘密」や「限定提供データ」の要件を満たすものを保護するものであり、著作権法での「表現」や特許法での「発明」といったような対象の形式についての限定はありません。したがって、AIソフトウェアに関連する技術情報、すなわち、生データ、学習用データセット、アルゴリズム、学習用プログラム、学習済みパラメータ、学習済みモデル、派生モデル、各種ノウハウなどは、その形式を問わず、不正競争防止法による保護の対象となり得ます。

　ちなみに、不正競争防止法は、「営業秘密」や「限定提供データ」について損害賠償請求や差止請求を認めるものであり、著作権法や特許法のように、誰かに権利を与えるというものではないため、「権利者」という考えはなじまないように思われます。

　以下、「営業秘密」と「限定提供データ」について解説します。

(1)営業秘密

　不正競争防止法による保護の対象となるものの一つとして、「営業秘密」があります。

　営業秘密とは、「秘密として管理されている生産方法、販売方法その

他の事業活動に有用な技術上又は営業上の情報であって、公然と知られていないもの」とされています（不正競争防止法2条6項）。

　つまり、営業秘密とされるには①秘密管理性、②非公知性、③有用性の3つの要件を満たすことが必要です。

　もっとも、③有用性の要件は、通常、AIソフトウェア開発において生成されるものについては満たされるため、実際に問題となるのは、①秘密管理性と②非公知性の要件となります。

① 秘密管理性

　秘密管理性とは、企業が秘密管理措置をとることで、従業員がその情報が秘密だとわかることであると考えられています。例えば、マル秘表示、アクセス制限、秘密保持契約の締結などが秘密管理措置の典型例です。

　経済産業省が作成した「営業秘密管理指針」（平成31年1月23日改訂）では、営業秘密の要件に秘密管理性が要求されている理由として、企業が秘密として管理しようとする対象を明確にすることで、営業秘密に接した者が事後に不測の嫌疑を受けることを防止し、従業員等の予見可能性、経済活動の安定性を確保することにあるとされています。

　企業が秘密管理措置をとってない場合、例えば、学習用データセットが社内で誰でも閲覧できる状態にある場合には、秘密管理措置がとられていないため、その学習用データセットは営業秘密にはあたらないことになります。

　秘密管理措置の典型的な方法としては、秘密であることの明示とアクセス制限の2つがあります。従来は、秘密管理性の要件として、この2つを実施することが求められると考えられていました。しかし、アクセス制限が厳格に求められることによって、営業秘密該当性のハードルが必要以上に上がったとの批判もあったため、「営業秘密管理指針」では、秘密であることの明示がされていれば、アクセス制限がされていなくて

も秘密管理性の要件を満たすという解釈が示されています。

② 非公知性

　非公知性とは、営業秘密が一般的に知られていない状態、または容易に知ることができない状態のことを意味します。一般的には、秘密管理措置をとっていれば、非公知性は保たれていることになるため、非公知性は秘密管理性と一定程度リンクしている部分があります。

　学習用データセットや学習済みモデルなどについて、外部に秘匿し、3つの要件を満たすことで、営業秘密として保護することが考えられます。
　他方で、学習用データセットや学習済みモデルについて、第三者に開示する場合には、その第三者に秘密保持義務を課す等をしないと秘密管理性が失われて営業秘密として保護できなくなる可能性があることに留意が必要です。

(2)限定提供データ

　平成30年の不正競争防止法の改正で、「限定提供データ」が同法の保護対象として新たに追加されました。
　「限定提供データ」は、最近のビッグデータ時代において、データを共有することが重要となってきており、価値のあるビッグデータについては保護すべきであるという考え方からつくられた新たな概念です（**図表I-4-2**）。

【図表 I-4-2】限定提供データの位置付け

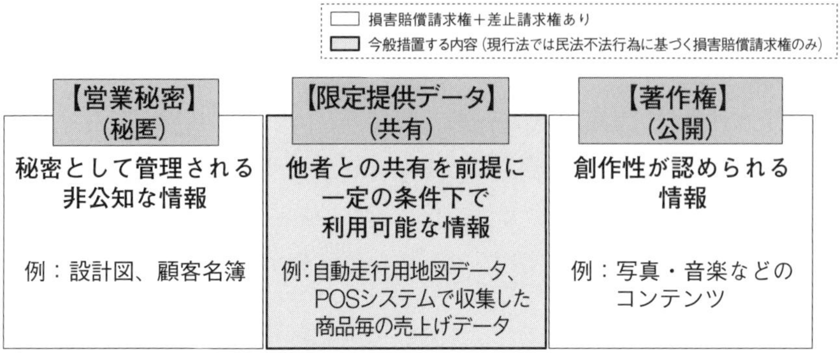

出典：経済産業省　知的財産政策室「不正競争防止法平成30年改正の概要（限定提供データ、
技術的制限手段等）」

　「限定提供データ」とは、「業として特定の者に提供する情報として電
磁的方法（電子的方法、磁気的方法その他人の知覚によっては認識することがで
きない方法をいう。）により相当量蓄積され、及び管理されている技術上
又は営業上の情報（秘密として管理されているものを除く。）をいう」とされ
ています（不正競争防止法2条7項）。

　したがって、「限定提供データ」として不正競争防止法上の保護を受
けるためには、①限定提供性、②電磁的方法による蓄積・管理性、③相
当量蓄積性、④技術上または営業上の情報であること（ただし、秘密とし
て管理されているものを除く）、⑤公衆が無償で利用することが可能となっ
ていないこと、を満たすことが必要となります。

　限定提供データについては、経済産業省が策定した「限定提供データ
に関する指針」（平成31年1月23日改訂）が参考になります。

① 限定提供性

　限定提供データの要件として、「業として特定の者に提供する情報」
であることが挙げられています。これは、データ提供者が、特定の者に

選択的に提供するデータであるということです。例えば、事業者が、ID
とパスワードが付与されている者に対してのみデータを提供すること
は、特定の者に選択的に提供することから、この要件を満たすことにな
ります。

「特定の者」とは、一定の条件の下でデータの提供を受ける者のこと
をいいます。多数の者であっても特定の者に選択的にデータを提供する
のであれば、この要件を満たします。極端な話、1億人でも、特定の者
に選択的にデータを提供すれば、この要件を満たすことになります。

② 電磁的管理性

データが電子的に蓄積され、かつ、パスワードなどによるデジタル的な
アクセス制御手段によって管理されていることが要件となっています。

データへのアクセスが、IDとパスワードにより管理されていれば、
この要件を満たすといえます。

この要件は、データ保有者がデータを提供する際に、限定された「特
定の者」に対してのみ提供するものとして管理するという意思を、社外
に対して示すことによって、外部者の予見可能性や経済活動の安定性を
確保することが狙いであるとされています。

そのため、この要件を満たすためには、データ保有者が、特定の者に対
してのみ提供する者として管理する意思を有していることについて、社外
の認識が可能であるような措置がとられることが必要とされています。

③ 相当量蓄積性

限定提供データは、「相当量」蓄積されていなければならず、一定の
規模が必要とされています。

どれくらいのデータ量であれば「相当量」といえるかについて、不正競
争防止法は規定を設けていません。この点、「相当量」とは、個々のデー

タの性質に応じて、データが電磁的方法により蓄積することによって生み出される付加価値、利活用の可能性、取引価格、収集・解析にあたって投じられた労力・時間・費用等が勘案されると考えられています。

④ 技術上または営業上の情報であること（ただし、秘密管理情報を除く）

　一般論として、不正競争防止法による保護が問題となるようなデータは、技術上または営業上の情報にあたると考えられます。なお、営業秘密と異なって、限定提供データでは「有用性」が要件とされていません。

　この要件で問題となるのが、営業秘密との重複を避けるため、定義に「ただし、秘密として管理されているものを除く」と規定されている点です。その結果、秘密管理措置がとられているデータは、限定提供データとしては保護されないことになります。同様に、営業秘密は、秘密として管理されていることが要件の一つとなっているため、営業秘密に該当するものは限定提供データに該当しないことになります。

⑤ 公衆が無償で利用することが可能となっていないこと

　相手を特定・限定せずに無償で広く提供されているデータについては、そのデータの自由な利用を推進するという観点から、そのデータと同一の限定提供データを取得・使用・開示する行為が、不正競争防止法の差止請求・損害賠償請求等の適用から除外されています（不正競争防止法19条1項8号ロ）。

　この要件は、限定提供データそのものの要件ではありませんが、この要件を満たさないと差止請求・損害賠償等の権利行使ができないため、実質的な要件といえます。

　学習用データセットを、限定提供データとして保護することを考えた場合、恐らく「相当量蓄積性」が問題となるのではないかと考えられます。

もちろん、限定提供性や電磁的管理性が問題になることはありますが、それは学習用データセットを第三者に提供する仕組みをどう設計するかという問題です。これに対して、相当量蓄積性については、どの程度の量があれば要件を満たすかという明確な基準がなく、ケース・バイ・ケースの判断になります。裁判で相当量蓄積性が争われた場合に、裁判所がどう判断するかは現時点ではわかりません。

次に、学習済みパラメータを限定提供データとして保護することを考えた場合に、相当量蓄積性の要件を満たすかについても、現時点では未知数です。限定提供データが保護対象として想定していたものは、基本的にはビッグデータであり、このようなプログラムの一部を構成するに過ぎない学習済みパラメータについて、相当量蓄積性の要件を満たすか否かは、学習用データセット以上に不透明と言わざるを得ません。

また、学習用データセットや学習済みモデルについて、提供する相手方が、さらに別の第三者に提供することを認める場合には、その提供先で限定提供性と電磁的管理性の要件を満たすようにしないと限定提供データとして保護できなくなる可能性があることに留意が必要です。

AIソフトウェア開発に必要なノウハウについては、限定提供データの要件を満たすことは通常考えにくく、営業秘密として保護することになると考えられます。

▌ 4 まとめ

以上で述べたように、学習済みモデルについての知的財産権は、その一部のプログラム部分には著作権が生じる可能性がありますが、学習済みパラメータの部分については著作権が生じない恐れがあります。このように著作権法で保護されない可能性がある以上、AIソフトウェアの開発において重要なことは、契約で権利関係をきちんと定めることです。

もっとも、相手方を契約で縛ったとしても、相手が契約に違反する可能性があり、また、契約違反をしていることがわからないこともあるため、例えば、クラウド型 AI のように、AI をサービスとして提供して相手にプログラムの中身を見せないような提供をすることや、ソースコードをそのまま渡さないといった、技術的な手段で学習済みモデルを保護することも検討する必要があります。

　この点、経済産業省「オープンなデータ流通構造に向けた環境整備」（**図表 I-4-3**）では、学習済みモデルについては（この表では「学習済みモデル」は学習済みパラメータを意味しているように見受けられます）、著作権や特許権で保護される可能性は低いという評価になっています。他方で、営業秘密として保護される可能性はあると評価されています。

【図表 I-4-3】整理イメージ

	特許権	著作権	営業秘密 (不正競争防止法)	一般 不法行為
①データ	× (情報の単なる提示に該当するため、発明成立性を満たさない(特許法29条柱書・審査基準第Ⅲ章))	△ (著作物性が認められる場合は保護されるが、生データそれ自体は通常創作性が認められない。)	○ (①秘密管理性、②有用性、③非公知性の三要件を満たす場合)	× ※損害賠償請求は可能(以下この列同じ)
②学習用データセット	○ (情報の単なる提示に該当するため、発明成立性を満たさない(特許法29条柱書・審査基準第Ⅲ章))	○ (情報の選択又は体系的な構成によって創作性を有するものはデータベースの著作物として保護される(著作権法12条の2))	○ (上記三要件を満たす場合)	×
③学習	○ (特許法上の「プログラム等」に該当する場合、コンピュータ・ソフトウエア関連発明として保護される)	○ ※プログラムそのものを保護 ※リバースエンジニアリングによって同一のものが作成された場合は著作権侵害を問えない)	○ (上記三要件を満たす場合) ※著作権と同様にリバースエンジニアリングには対応不可	×
④学習済みモデル [a1 a2 …… b1 b2 …… ……]	○ (プログラムに準ずるもの(「モデル」がコンピュータによる情報処理を規定するもの)に該当する場合は保護対象となるが、通常、「関数自体、行列自体」には発明成立性が認められない)	○ ※学習済みモデルが「データベースの著作物」もしくは「プログラム著作物」として著作物と認められる場合があるかは不透明 ※リバースエンジニアリングには対応不可	○ (上記三要件を満たす場合) ※頒布する場合、秘密管理性を満たすために秘密管理措置、非公知性を満たすために暗号化等が必要 ※リバースエンジニアリングには対応不可	×
⑤利用	○ (アプリ等のソフトウエアやシステムはコンピュータソフトウエア関連発明として保護される)	○ (著作物性が認められる場合) ※リバースエンジニアリングには対応不可	○ (上記三要件を満たす場合) ※頒布する場合、秘密管理性を満たすために秘密管理措置、非公知性を満たすために暗号化等が必要 ※リバースエンジニアリングには対応不可	×

○：可能性あり、×：可能性なし、△可能性低い

出典：経済産業省「オープンなデータ流通構造に向けた環境整備」82頁

3 学習済みモデルの利用段階における著作権

1 派生モデル

(1)派生モデルとは

学習済みモデルの利用段階については、「派生モデル」の著作権が問題となります。

派生モデルとは、既存の学習済みモデルを、新しい AI ソフトウェアのパラメータの初期値として利用して作成した学習済みモデルのことです（図表 I-4-4）。

派生モデルについては、再利用モデルという呼び方をすることもあります。再利用モデルという用語のほうが、やや幅の広い概念です。

【図表 I-4-4】派生モデル

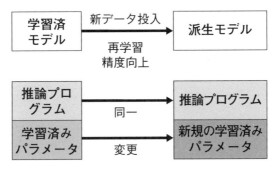

派生モデルは、すでに出来上がった学習済みモデルをベースに、新し
いモデルをつくるというものです。派生モデルの典型例としては、既存
の学習用プログラムに、新しいデータセットを入力して追加学習し、そ
の学習済みパラメータをより精度の高いものにするというものがありま
す。派生モデルの生成は、スクラッチから学習済みモデルを生成するの
と比べて、開発期間の短縮やデータ不足の解消ができるといったメリッ
トがあります。

　いわゆる「転移学習」も派生モデルの一種といえます。転移学習とは、
学習済みパラメータのうち一定のパラメータを固定した上で追加学習
し、固定していないパラメータを更新する手法です。

　2018年に Google が公表した BERT のように、大量の文章データを
事前学習した学習済みモデルに転移学習させて、様々なタスクに利用す
ることも考えられます。

(2)派生モデル生成における法的問題

　派生モデルについて、①関係者は著作権者の同意なくして派生モデル
を生成できるのか、②生成された派生モデルの権利は誰に帰属するのか、
が問題となります。

　この問題について、具体的な事例をベースに考えてみましょう（**図表
I-4-5**）。

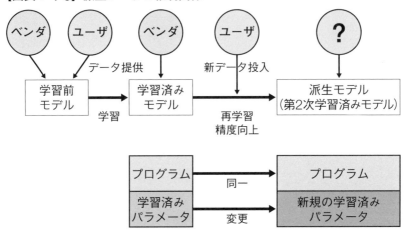

【図表 I-4-5】派生データの権利関係

　例えば、ユーザがデータを提供し、ベンダがプログラミングをして学習済みモデルができたとします。そして、ベンダにこの学習済みモデルの著作権を帰属させ、ユーザにその利用権をライセンスしたとします。この場合、学習済みモデルのうち、プログラム部分に著作権がある場合には、その著作権はベンダに帰属します。ところが、前述したように、学習済みパラメータには著作権が成立しない可能性が高くなります。以下、議論を単純化するために、学習済みパラメータには著作権がないものとして扱います。

① 関係者は著作権者の同意なくして派生モデルを生成できるのか

　学習済みモデルのうち、プログラム部分の著作権はベンダに帰属し、学習済みパラメータの著作権はないという状況で、ユーザが、ベンダの承諾を得ずに、新しいデータを投入して追加学習をすることで派生モデルを生成しました。そこで、このような追加学習が著作権侵害になるのかが問題となります。

この想定では、プログラムの著作権はベンダにあり、ユーザにプログラムの利用権がライセンスされているはずなので、ライセンス契約の中で派生モデルの取扱いが定められているのであれば、それに従って処理すればよいことになります。ライセンス契約の中で派生モデルの生成が認められていれば、ユーザは派生モデルを生成することができ、他方で、ライセンス契約の中で禁止されていれば、派生モデルの生成はできないことになります。

では、ライセンス契約に派生モデルの取扱いについて定められていない場合には、どうなるのでしょうか。派生モデルの生成は、学習済みパラメータを改変する行為であるため、著作権者の翻案権や著作者人格権の侵害が問題となります。この点については、学習済みパラメータに著作権がない以上、これを改変したとしても翻案権・著作者人格権を侵害しないことになります。

もっとも、追加学習によりモデル構造が変化し、プログラムが書き変えられるような場合には、プログラム著作物を改変することになる場合も考えられます。

② 生成された派生モデルの権利は誰に帰属するのか

次に、派生モデルが生成された場合に、ユーザとベンダのどちらが権利者になるかが問題となります。

ここでの想定では、プログラムについてはベンダが著作権を持っていますが、学習済みパラメータにはそもそも著作権が発生しないため、著作権の帰属は問題になりません。

したがって、追加学習により生成された派生モデルの新たな学習済みパラメータについて、何者も著作権を有しないということになります。

このように、学習済みパラメータの権利関係について、著作権法からアプローチすることは不適切と考えられます。学習済みパラメータを誰

が使えるか、誰が利益を得るか、ということを決めようとした場合に、著作権法に任せていても解決しません。そこで、学習済みパラメータを含む学習済みモデルの利用条件については、ユーザとベンダが、契約によって合意するというアプローチが有効です。

■ 2 蒸留モデル

　蒸留モデルとは、ターゲットとする学習済みモデルにデータを入力すると、一定のデータが出力されるのを利用して、新しくよりシンプルなAIに、ターゲットとなる学習済みモデルの入出力と同じ結果になるように学習させるという手法です。

　例えば、画像認識モデルである「Google ネット」は22層のネットワークを持っていますが、これを7層ぐらいのネットワークの軽いAIで、Google ネットの入出力と同じ結果になるように、軽いAIネットワークに学習させます。これによって、軽いAIが、Google ネットとほぼ同じような精度を達成できてしまう可能性もあります。

　そこで、このような蒸留モデルを生成する行為が著作権侵害になるかが問題となります。

　結論からいえば、これは著作権侵害になりません。なぜなら、この新しいAIをつくるためにアクセスしているのは、入力データと出力データであり、ターゲットの学習済みモデルのプログラムの中身には全くアクセスしておらず、コピーもしていないからです。著作権法では、著作物を模倣することが著作権侵害にあたるため、プログラムにアクセスして模倣していない以上、このような蒸留行為は、著作権侵害にあたらないということになります。

　したがって、蒸留行為を禁じようとする場合は、ターゲットとなる学習済みモデルのライセンス契約の中で、蒸留行為を禁止することが必要

になります。蒸留をする者は、ターゲットの学習モデルを利用すること
になるため、蒸留をする者と学習済みモデルの提供者の間には、ライセ
ンス契約が本来的にあるはずです。そこで、そのライセンス契約の中で
蒸留行為を禁止しておけば、蒸留行為については契約違反として禁止で
きることになります。

【図表 I-4-6】蒸留行為

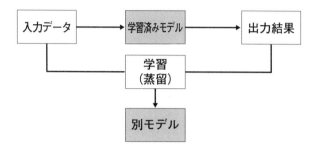

4 OSS を組み込んだ プログラムの著作権

1　OSS とは

　OSS とは、オープン・ソース・ソフトウェア（Open Source Software）の略称で、プログラムのソースコードが公開されているソフトウェアのことをいいます。

　OSS の定義は様々ですが、OSS の普及促進を目的とする Open Source Initiative は、再頒布の自由、ソースコード公開、派生物の自由な利用等の10項目を満たすソフトウェアを指すとしています[2]。

　OSS は、①開発コスト削減、②多くのプログラマーの目に触れることによる脆弱性やバグに対する迅速な改良、③汎用的な OSS をシステム基盤とすることによって特定ベンダへの過度の依存を回避すること、などを目的として、ソフトウェアの開発では広く用いられています。

2　OSS ライセンスの3類型

　OSS には、「ライセンス条件」が付されており、そのライセンス条件に従って利用しなくてはならないのが通常です。このライセンス条件は OSS によって様々ですが、一般的に「コピーレフト」（copyleft）の有無

2　https : //opensource.org/osd

で大きく整理することが可能です。

「コピーレフト」とは、フリーソフトウェア財団（Free Software Foundation, Inc.）により広められた概念で、プログラム等の著作者が、自己の著作権を保有したまま、その著作物の自由な利用、改変、再頒布等を認めるというものです。コピーレフトは、著作者が著作権を保持し続けるという点において、著作者が著作権を放棄ないし一切主張しないとするパブリックドメインとは異なります。

OSS ライセンスは、①ユーザが OSS のソースコードを改変した場合に改変部分の開示を義務付けるか、②ユーザが OSS を他のソフトウェアと組み合わせた場合に組み合わされたソフトウェアの開示を義務付けるか、という視点に基づいて、コピーレフト型、準コピーレフト型、非コピーレフト型に分類することができます。

【図表 I-4-7】OSS ライセンスの分類

カテゴリ	改変部分の開示	組み合わせた ソフトウェアの開示
コピーレフト型	必要	必要
準コピーレフト型	必要	不要
非コピーレフト型	不要	不要

この観点から、OSS ライセンスのうち代表的なものを分類した結果は、**図表 I-4-8**のとおりです。

【図表 I-4-8】OSS ライセンスのうち代表的なもの

カテゴリ	OSS ライセンス	作成者
コピーレフト型	GNU Affero General Public License（AGPL）	FSF
準コピーレフト型	Mozilla Public License	Mozilla Foundation
非コピーレフト型	BSD License	University of California, Barkley
	Apache License	Apache Software Foundation
	MIT License	Massachusetts Institute of Technology

3 AI 開発における留意点

　OSS は、一般的に、無条件で自由に使うことができるものではありません。

　特に、コピーレフト型や準コピーレフト型の OSS については、オリジナル・ソフトウェアの改変部分についてソースコードの開示が義務付けられています。さらに、コピーレフト型の OSS においては、オリジナル・ソフトウェアと組み合わせたソフトウェアについてもソースコードの開示が義務付けられています。

　そのため、開発した AI のプログラムのソースコードを開示したくない場合には、コピーレフト型や準コピーレフト型の OSS でないことを確認する必要があります。

　本来、ユーザが秘匿することを意図していた AI のシステムについて、開発を担うベンダがコピーレフト型・準コピーレフト型の OSS を組み込んでしまった場合、ユーザの意図に反して、ソースコードの開示が義務付けられることもある点に注意が必要です。

　図表 I-4-9は、現時点の著名な OSS に適用される OSS ライセンス

ですが、いまのところ、いずれも非コピーレフト型のOSSライセンスであるBSD License、MIT License及びApache License 2.0が適用されています。

【図表 I-4-9】OSS ライセンスの例

プログラム名	開発元	OSS ライセンス
TensorFlow	Google	Apache License 2.0
PyTorch	Facebook	BSD License
Microsoft Cognitive Toolkit	Microsoft	MIT License

　このように著名なOSSに適用されるOSSライセンスは、利用者に対する制限が比較的緩やかな非コピーレフト型のものが多い傾向がありますが、非コピーレフト型といっても、何らの制限なくOSSを利用できるものではなく、OSSを利用したプログラムの配布にあたって、そのOSSの著作権を表示することや利用条件・免責条項を記載することなどが求められるのが一般的です。

4　AI ソフトウェアのプログラムの著作権

　AIソフトウェアにおいては、現在、多くの著名なAIのプログラムがOSSとして公開されています。そのため、AIのプログラム自体はある程度コモディティ化しており、競争力の源泉はAIソフトウェアの開発に必要なデータのほうに移行しているともいわれています。
　では、ベンダがAIソフトウェアの主要部分にOSSを使い、それに一定の手を加えたプログラムを開発した場合の著作権についてはどうなるのでしょうか。そのプログラムのOSS部分の著作権は、OSSの作成者が有するため、ベンダには著作権はありません。そこで、手を加えた

部分に著作権が成立するかが問題となりますが、そのようなプログラムが著作物（二次的著作物）になるかという点については、ベンダが手を加えた部分に創作性があるかによって判断されることになります。したがって、ベンダによる改変部分がありきたりのものであり、創作性が認められない場合は、ベンダにはそのようなプログラムの著作権がないことになります。

　このように、OSS を利用することが一般化している AI ソフトウェアのプログラムについては、ベンダには著作権が認められない場合もあると考えられます。

第 **5** 章

データと知的財産権

1 データに関する知的財産権を巡る問題

　学習用データセットをつくるときには、まず学習用データセットの材料となる元データを収集して、後でそれを加工する必要があります。これをデータ・プレパレーションと呼ぶこともあります。学習用データセットで有名なものとしては、MNISTの手書き文字やImageNetの画像データがあります。

　学習用データセットを作成するには、時間と労力が必要になります。また、ノウハウが必要となることもあります。

　ユーザもベンダも、自社が提供したデータやノウハウが含まれている学習用データセットが第三者に流出することを避けて欲しい、勝手に使って欲しくない、と考えてもおかしくありません。

　他方で、せっかく時間と労力をかけ、ノウハウを使って作成した学習用データセットであるため、ユーザにもベンダにも、他のAIソフトウェア開発のために使いたいというニーズがあります。

　そのため、学習用データセットの権利帰属や利用条件が契約交渉における重要な交渉ポイントとなるケースが、最近は増えているように感じられます。

2 データに関する 知的財産権の論点

　本章では、以下のとおり、データに関する知的財産権の論点を取り上げます。

① 元データ、学習用データセットの権利は誰に帰属するのか

② 元データ、学習用データセット、データの加工ノウハウをどのように権利保護するのか

③ 元データやデータベースを機械学習のために利用するには、著作権者の許諾が必要か

　上記①と②については、前章の AI ソフトウェアの知的財産権での解説と重なりますが、著作権で保護されるかどうかについては、データの内容によります。データが著作物であれば著作者に著作権が帰属します。

　元データ、学習用データセット、加工ノウハウのいずれについても、営業秘密や限定提供データに該当すれば不正競争防止法による法的保護を受けることができます。ただし、不正競争防止法は、事実状態を保護する法律であるため、権利帰属は問題となりません。

　元データ、学習用データセット、加工ノウハウのいずれについても、契約によって、一方当事者が独占的に利用することや契約違反に対するペナルティを定めることができます。

　上記③については、学習用データセットをつくるときに、例えば、ウェブサイトから文書や写真をクロールして収集したデータを機械学習にか

ける場合、ウェブサイトの文章や写真には誰かの著作権があることが考えられます。しかし、ネット上の文章や写真について、著作権者全員から承諾を得ることは事実上不可能です。そこで、機械学習のために、そのようなデータを著作権者の承諾を得ずに利用できるかが問題となります。

　これらの問題について、以降で詳しく解説します。

3 元データの著作物性

　元データが著作権で保護されるか否かは、前章で述べたとおり、著作権法における「①思想又は感情を、②創作的に、③表現したものであって、④文芸、学術、美術又は音楽の範囲に属するもの」の要件を満たすか否かで判断することになります。

　事実データについては、上記①②を満たさないため、著作物にはあたりませんが、例えば、ウェブ上にある人の文章・絵画・音楽・写真のデータについては、著作物である可能性があります。

　このように、元データが著作権で保護されるかどうかは、データの内容次第であり、ケース・バイ・ケースといえます。

4 データベース著作物

　元データ自体に著作物がなくても、データの集合物であるデータベースについては、著作権法は、データベース著作物として保護しているため、著作者に権利が帰属し、著作権法により保護されます。学習用データセットも、データの集合体であるため、データベース著作物にあたらないかが問題となります。

　著作権法では、データベース著作物とは、「データベースでその情報の選択又は体系的な構成によって創作性を有するもの」としています（同法12条の2第1項）。

　つまり、データベースは、情報の選択や体系的な構成に創作性があることが要件になっています。例えば、単に時系列で切ったデータや、50音順に整理した顧客データベース、部品を業界の標準の仕様に従って分類したデータベースなどは、情報の選択や体系的な構成がありきたりであって、創作性がないと判断され、データベース著作物としては認められないことになります。

　学習用データセットについて見ると、一般的に情報の選択や体系的な構成がありきたりなものが多く、データベース著作物としては認められにくいと考えられます。他方で、情報の選択や体系的な構成に創作性がある学習用データセットは、著作権が認められるかもしれませんが、汎用性がないために使い勝手が悪く、広く利用されないのではないかと考えられます。

5 元データに著作権がある場合

1 元データに著作権がある場合の著作権侵害の可能性

　他人の元データから生成した学習済みデータセットを機械学習のために利用するにあたって、著作権者の許諾が必要か否かという問題については、利用する元データが著作物でない場合と、著作物である場合の2パターンに分けて考えられます。

　まず、元データが著作物でない場合については、元データに著作権がない以上、それを利用しても著作権侵害にはあたりません。もっとも、元データが著作物でないとしても、その集合物がデータベース著作物であれば、著作権侵害の可能性があります。

　次に、元データに著作物がある場合は、元データの無断利用は、原則として著作権侵害となります。

2 情報解析のための利用（著作権法30条の4）

（1）著作権法30条の4の規定

　では、著作権がありそうな元データをウェブサイトをクロールして集めて、その元データから学習用データセットをつくる場合、著作権侵害となるのでしょうか。もし、そうであれば、著作権侵害となることを避けるために、全ての著作権者から同意を得る必要があります。

この問題については結論からいうと、著作権法30条の4という規定により、基本的には著作権者の同意を得る必要はありません。

　平成30年に改正された著作権法30条の4では、他人の著作権があるデータであっても、情報解析のために使う場合には、必要と認められる範囲であれば、利用方法を問わず原則として著作権者の許諾を得ずに利用できるという規定が設けられました。改正前にも、旧47条の7に似たような規定がありましたが、改正によって利用できる範囲が広がりました（**図表 I-5-1**）。

　この規定の背景にある考え方は、機械学習のための著作物の利用は、著作権者の権利を侵害しないということにあります。なぜなら、人は、著作物に表現された思想や感情を楽しむ目的で、小説、絵画、音楽といった著作物を利用するのであって、そのためにお金を支払うわけですが、機械が情報解析のために小説や音楽を読み込んだとしても、機械が楽しむことはあり得ません。そのため、機械が情報解析のために著作物を利用しても、著作権者の権利を侵害していないと考えて、著作物の利用を認めています。

【図表I-5-1】著作権法30条の4（新旧対照）

「著作物に表現された思想又は感情の享受を目的としない利用」に関する権利制限規定（新30条の4）（第1層）

○現行規定では利用目的や利用の態様に関し「個別具体的な要件」があり、現在又は将来のニーズへの対応に課題。
○第1層は、権利者の利益を通常害さない行為類型であることから、「柔軟性の高い規定」を整備。
○具体的には、権利制限を正当化する根拠に着目した「より抽象的な要件」を規定し、その要件を満たす行為は包括的に権利制限の対象とする。その際、予測可能性の観点から現行規定を当該行為の例示として整理・統合。

＜現行法＞　　　　　　　　　　　　　　＜新たに整備する「柔軟性のある権利制限規定」＞

第1層（権利者の利益を通常害さない行為類型）

●著作物の利用に係る技術開発・実用化の試験のための利用（30条の4）

➡ 目的が「技術開発」等に限定されているため「基礎研究」等が対象外となる可能性

●電子計算機による情報解析のための複製等（47条の7）

➡ 情報解析の方法が「統計的」な解析に限定されているため、AI開発のためのディープラーニングで採用されている「代数的」「幾何学的」な解析が対象外となる可能性

利用方法が「複製・翻案」に限定されているためAI開発用データセットを複数の事業者で共有する行為（「公衆送信」等）が対象外となる可能性

●サイバーセキュリティ確保等のためのソフトウェアの調査解析（リバース・エンジニアリング）

●その他の新たなニーズに関わる利用【規定なし】

➡ 同様のコンセプト（著作物の享受を目的としない行為）が妥当する新たなニーズが将来生じたとしても、現行規定の対象外の行為に対応するにはその都度法改正が必要。

第1層（権利者の利益を通常害さない行為類型）

●著作物に表現された思想又は感情の享受を目的としない利用（新30条の4）

【条文の骨子】　包括的に規定

著作物は、次に掲げる場合その他の当該著作物に表現された思想又は感情を自ら享受し又は他人に享受させることを目的としない場合には、その必要と認められる限度において、いずれの方法によるかを問わず、利用することができる。

利用方法は限定せず

ただし、著作権者の利益を不当に害する場合はこの限りでない。

① 著作物利用に係る技術開発・実用化の試験
② 情報解析
③ ①②のほか、人の知覚による認識を伴わない利用

どのような行為が上記に該当するかをわかりやすく示す観点（予測可能性の確保）から、現行の関連規定にかかわる行為を本条の対象行為として例示

出典：文化庁「著作権法の一部を改正する法律　概要説明資料」

著作権法30条の4の規定

（著作物に表現された思想又は感情の享受を目的としない利用）

第三十条の四　著作物は、次に掲げる場合その他の当該著作物に表現された思想又は感情を自ら享受し又は他人に享受させることを目的としない場合には、その必要と認められる限度において、いずれの方法によるかを問わず、利用することができる。ただし、当該著作物の種類及び用途並びに当該利用の態様に照らし著作権者の利益を不当に害することとなる場合は、この限りでない。

　　一　著作物の録音、録画その他の利用に係る技術の開発又は実用化のための試験の用に供する場合

　　二　情報解析（多数の著作物その他の大量の情報から、当該情報を構成する言語、音、影像その他の要素に係る情報を抽出し、比較、分類その他の解析を行うことをいう。第四十七条の五第一項第二号において同じ。）の用に供する場合

　　三　前二号に掲げる場合のほか、著作物の表現についての人の知覚による認識を伴うことなく当該著作物を電子計算機による情報処理の過程における利用その他の利用（プログラムの著作物にあつては、当該著作物の電子計算機における実行を除く。）に供する場合

　著作権法30条の4の条文では、著作物は、著作物に表現された思想または感情の享受を目的としない場合には、必要な範囲で、利用方法を問わず利用できると規定しています。

　そして、「著作物に表現された思想又は感情の享受を目的としない場合」の例示として、「情報解析」が2号に挙げられています。

　この「情報解析」は、機械学習を含んだ概念です。そのため、機械学習のために必要な限度であれば、利用方法を問わずに、著作物を著作権

者の許諾なしに利用できるということになります。

　ここでは、「利用方法を問わない」ということが重要です。改正前の条文である旧47条の7では、媒体の保存・複製・翻案のみが認められていて、データセットの譲渡や公衆送信は禁止されており、利用方法に制限がありました。

　そのため、旧47条の7では、他人の著作物を含む学習用データセットを他人に提供することについては、譲渡や公衆送信にあたることから、著作権者の同意が必要でした。しかし、平成30年の改正で利用方法を問わなくなったため、譲渡も公衆送信もできるということになりました。

　もっとも、著作権法30条の4には、「ただし、……著作権者の利益を不当に害することとなる場合は、この限りでない。」と、ただし書があります。

　この「著作権者の利益を不当に害する場合」とは、機械学習のためのデータベース著作物を無断で第三者に譲渡する場合がこれにあたるのではないかと考えられています。

　機械学習のためのデータベース著作物が販売されている場合、販売者は、それを商売にしているため、購入者が自由に譲渡できてしまうと、利益を得られなくなってしまい、そのようなデータベースを売る意味がなくなってしまいます。そうなると、機械学習用のデータベース産業が消滅してしまい、大きな目で見るとAI産業にもマイナスになってしまいます。そのため、このような場合には、「著作権者の利益を不当に害する場合」にあたると考えられています。

(2)ウェブサイトに機械学習のための利用禁止規定がある場合

　ウェブサイトに、「本ウェブサイトのデータについては、商業利用は禁止します。学術研究目的のみ利用を許可します。」と書いてあった場合に、そのウェブサイトにアップされているデータを使ってよいのかが

問題となります。

この問題は、「著作権法オーバーライド」という問題が含まれています。「著作権法オーバーライド」とは、著作権法の権利制限規定を契約の規定が優先（オーバーライド）できるか否かという問題です。

著作権法30条の4では、先ほど述べたとおり、著作権者の同意がなくても機械学習のための著作物の利用ができると規定しています。他方で、当事者が、データを機械学習のために無断で使ってはいけないという契約をしていた場合には、著作権と契約が矛盾することになるため、どちらが優先するのかという問題が生じます。

著作権法の中には、強行規定と任意規定が混在していて、契約で定めても著作権法が優先する場合もあれば、契約が優先する場合もあり、それは個別の条文の趣旨から判断せざるを得ません。

そして、同法30条の4については、著作権法とその契約の優先関係が問題となった場合、当事者が契約の中で約束している以上、契約が優先するという考え方が一般的なのではないかと思われます。

したがって、その一般的な見解に従うのであれば、そのウェブサイトの利用契約の中で、「データを機械学習に使うときには、別途、利用料金を支払います。」と書いてあったとすれば、同法30条の4の規定よりも契約の規定が優先して、利用料金を支払わなければならないという結論になります。

では、データ提供者とそのような契約をしておらず、ウェブサイトに単に「商業利用禁止」と書いてあるだけの場合はどのように考えるべきでしょうか。

この点については、ウェブサイトにそのように書いてあったとしても、一方的に書いてあるだけですから、ダウンロードしても、それは契約に合意したとはいえません。契約していない以上は、ウェブサイトをクロールしてダウンロードすることは、同法30条の4で処理できます。したがっ

て、著作権者の許諾は不要であるという結論になると考えられます。

　ただし、利用条件への同意ボタンをクリックしないとダウンロードできないような場合、同意ボタンをクリックすることで契約が成立していると評価できるため、契約を締結しているのと同じとされる可能性が高いといえます。

第 **6** 章

AI ソフトウェア開発と独禁法

AI ソフトウェア開発において、例えば、
大企業と中小企業・ベンチャー企業との
契約交渉等において事実上の優越関係がある中で、
一方的な契約条項等が押しつけられる場合や
排他条件付取引、拘束条件付取引等が行われる場合には、
独占禁止法上の問題になり得るため、注意が必要です。

1 優越的地位の濫用

　契約当事者間に相対的な優越関係がある場合には、独占禁止法上の優越的地位の濫用（同法2条9号5号）が問題となる場合があります。この点、公正取引委員会による「役務の委託取引における優越的地位の濫用に関する独占禁止法上の指針」[3]は、次の考えを示しています。

① 役務の委託取引において、取引上優越した地位にある委託者が、受託者に対し、成果物が自己との委託取引の過程で得られたことまたは自己の費用負担により作成されたことを理由として、一方的に、これらの受託者の権利を自己に譲渡（許諾を含む。）させたり、当該成果物、技術等を役務の委託取引の趣旨に反しない範囲で他の目的のために利用すること（二次利用）を制限したりする場合等には、不当に受託者に不利益を与えることとなりやすく、優越的地位の濫用として問題を生じやすい。

② しかし、このような場合に、成果物等にかかる権利の譲渡または二次利用の制限に対する対価を別途支払ったり、当該対価を含む形で対価にかかる交渉を行っていたりすると認められるときは、優越的地位の濫用の問題とはならない。

---

[3] 公正取引委員会、「役務の委託取引における優越的地位の濫用に関する独占禁止法上の指針」、https://www.jftc.go.jp/dk/guideline/unyoukijun/itakutorihiki.html、（平成10年3月17日。平成23年6月23日改正）

③　ただし、このような場合であっても、成果物等にかかる権利の譲
　　渡等に対する対価が不当に低い場合や成果物等にかかる権利の譲渡
　　等を事実上強制する場合等、受託者に対して不当に不利益を与える
　　場合には、優越的地位の濫用として問題となる。

　AI ソフトウェア開発・利用契約において、どのような条件で取引を
するかは、基本的には当事者の自主的判断に委ねられています。しかし、
いずれか一方が取引上優越した地位を利用して、正常な商慣習に照らし
て不当に、代金の支払遅延、代金の減額、著しく低い対価での取引や、
やり直し、または AI 技術を利用するための生データ、学習用データセッ
ト、学習用プログラム及び学習済みモデルにかかる権利等の一方的な取
扱い（例えば、権利の譲渡や二次利用の制限）を行うこと等は、優越的地位
の濫用の問題を生じさせることとなります。もっとも、権利の譲渡や二
次利用の制限について、別途、適切な対価を支払ったり、当該対価を含
む形で対価にかかる交渉を適切に行ったりしている場合（二次利用におけ
る収益配分の条件を含む）には、優越的地位の濫用は問題とならないと考
えられています。

2 排他条件付取引・拘束条件付取引等

　AI ソフトウェア開発・利用契約において、条件の設定やその制限に関する契約条項を定めるにあたっては、独占禁止法上の排他条件付取引や拘束条件付取引等の不公正な取引方法（同法19条）も問題となる場合があります。

　例えば、AI ソフトウェア開発・利用契約では、ライセンス契約関係が生じないこともあるため、そのまま当てはまるものではありませんが、ライセンス契約においては、ライセンシーが開発した改良技術について、ライセンサーもしくはその指定する事業者に権利を帰属させる義務、またはライセンサーに独占ライセンスをする義務を課す行為は、原則として不公正な取引方法に該当するとされ、共有とする場合であっても公正競争阻害性を有する場合には、不公正な取引方法に該当するとされています（一般指定12項）。

　他方で、ライセンシーの改良技術について、ライセンサーに非独占的にライセンスをする義務を課す行為は、ライセンシーが自ら開発した改良技術を自由に利用できる場合は、原則として不公正な取引には該当しないとされています。

　また、ライセンシーが開発した改良技術が、ライセンス技術なしには利用できないものである場合には、当該改良技術にかかる権利を相応の対価でライセンサーに譲渡する義務を課す行為については、一般に公正競争阻害性を有するものではないと解されています。

さらに、ライセンス技術についてライセンシーが利用する過程で取得した知識または経験をライセンサーに報告する義務を課す行為は、それが実質的にライセンシーが取得したノウハウをライセンサーにライセンスすることを義務付けるものでない限り、原則として不公正な取引方法には該当しないとされています[4]。

---

4 公正取引委員会「知的財産の利用に関する独占禁止法上の指針」、https://www.jftc.go.jp/dk/guideline/unyoukijun/chitekizaisan.html、（平成19年9月28日。平成28年1月21日改正）

3 下請法

　AI ソフトウェア開発・利用契約に限った話ではありませんが、プログラムの作成委託は下請代金支払遅延等防止法の「情報成果物作成委託」（同法2条3項、6項）に該当するため[5]、一定規模を超える元請事業者が開発の全部または一部を一定規模以下の下請事業者に委託する場合[6]には、下請法[7]の対象となります。

　言い換えれば、下請法は、元請・下請関係のない一般的なユーザ・ベンダの取引には適用されず、元請・下請関係がある大手システム会社が開発の一部を他の中小システム会社に委託するような場合に適用されます。

　下請法の対象となる場合には、独占禁止法上の優越的地位の濫用規制と同様に、発注者である事業者（親事業者）は、支払遅延、下請代金の減額、著しく低い下請代金での取引等を行うことが禁止されます。

　また、親事業者は、①下請事業者から給付を受領してから60日以内のできる限り短い期間内に対価の支払期日を定める必要があり、②下請代金の額、支払期日及び支払方法等を記載した書面を交付しなければならず、③支払遅延の場合には、下請事業者の給付を受領した日から起算

5　「『情報成果物作成委託』とは、事業者が業として行う提供若しくは業として請け負う作成の目的たる情報成果物の作成の行為の全部又は一部を他の事業者に委託すること及び事業者がその使用する情報成果物の作成を業として行う場合にその情報成果物の作成の行為の全部又は一部を他の事業者に委託することをいう。」とされている（下請法2条3項）。

6　同法の対象となる場合は、同法2条7項から9項に規定されている。

7　下請代金支払遅延等防止法（昭和31年法律第120号）

して60日を経過した日から支払いをする日までの期間について、年率14.6％の遅延利息の支払義務を負うとともに、④一定の書類の作成・保存義務を負うことになります（同法2条の2、3条、4条の2、5条）。

第 **7** 章

AI ソフトウェア
開発契約

1 AIソフトウェア開発契約の法的性質

　AI ソフトウェア開発契約の法的性質について、請負契約か準委任契約かが議論されることがあります。

　請負契約は、契約目的が仕事の完成であり、請負人は、契約の目的は仕事の完成であることから、成果物の完成義務を負い、成果物の瑕疵担保責任を負います。他方で、準委任契約は、契約の目的は事務処理の遂行であり、成果物の完成義務を負わない一方で、業務を善良なる管理者として遂行するという注意義務（善管注意義務）を負います。

　請負契約の典型例としては、大工が家を建てる建築請負契約を、準委任契約の典型例としては、医師の治療契約を挙げることができます。大工は、「ひょっとしたら家が完成できないかもしれません」と言って仕事を引き受けることはありませんが、医師は、「この病気を必ず治してみせます」と言って仕事を引き受けることはありません。これは、病気が治るかどうかは、病気の内容や進行状況など、患者によるところが大きいという医療の性質上、医師の力だけではどうにもならないところがあるからです。

　IT 業界では、請負契約は、仕事の完成義務を負うことから、仕事が完成しなかった場合の責任はベンダ（請負人）が負うものとして捉えられており、請負契約＝ベンダ不利、準委任契約＝ベンダ有利として一般的には考えられています。そして、従来のシステム設計契約においては、要件定義などの外部設計については準委任型が、システム設計やプログ

ラミングなどの内部設計については請負型が向いていると一般的には考えられています。

　もっとも、究極的には、契約にどのように定めるかが重要であって、請負や準委任等の法的性質の分類から直ちに結論が導かれるわけではないとも考えられています。

　ちなみに、2020年4月施行の改正民法では、準委任契約には、事務処理の結果として達成された成果に対して報酬が支払われる「成果完成型」と事務処理の労務に対して報酬が支払われる「履行割合型」という類型が設けられました。前者の場合には、準委任契約だとしても、成果が出なければ報酬を受領できないため、実質的に仕事の完成義務を負っているともいえます。

　後述するように、AI ソフトウェア開発契約については、AI ソフトウェアの性質上、仕事の完成や性能の保証が困難であるため、契約にどう定めるか次第であるとはいえ、準委任契約に親和性があるといえます。

【図表 I-7-1】請負型と準委任型

	請負型	準委任型
契約目的	仕事の完成	事務処理の遂行
成果物の完成義務	あり	なし
受託者の義務・責任	瑕疵担保責任	善管注意義務

成果完成型	履行割合型
事務処理の結果として達成された成果に対して報酬が支払われる	事務処理の労務に対して報酬が支払われる

2 AIソフトウェア 開発契約のポイント

　本節では、今までの議論を踏まえて、AI ソフトウェア開発契約を作成する時や相手方と交渉するときに、どのようなことに気をつけなければならないのか、そのポイントについて解説します。

　ポイントとしては、次のようなものがあります。

① 　データの内容・品質・量・取扱い
② 　AI ソフトウェアの性能・品質
③ 　知的財産についての権利帰属・利用条件
④ 　責任に関する問題

■ 1 データの内容・品質・量・取扱い

　AI ソフトウェアを開発するには、一般的にはデータが必要であるため、まずデータの内容・品質・量・取扱いが問題となります。

　具体的には、ユーザがどのようなデータを提供するのか、どれくらいの品質や量を提供するのかといったことを検討する必要があります。

　ベンダが、ユーザの持っているデータを精査してみると、不十分であったり、欠落が多かったり、整理されていないために、全く使えないということもあります。

　また、ユーザからデータを提供するときに、ユーザの社内で「外に出してよいのか」といった議論が起こり、誰かの反対を受けてデータが出

てこなくなることもあります。

　ユーザがデータを提供するのが遅れると、開発も遅れ、開発期間や開発費用が増大してしまうこともあります。そうすると、開発の遅延や開発費の増大について、ユーザとベンダのどちらが責任を取るかという議論が生じることになります。データの品質不足については、ベンダにしかわからないことも多く、ユーザからは「ベンダの言い訳だ」という反論が出て揉めることも考えられます。

　そのため、このような問題が起こらないように、あらかじめ手を打っておくのがベストであり、契約にそのような問題が起こったときの手当てをしておくことが望ましいといえます。

　また、元データや学習用データセットについて、誰が、どのような条件で利用できるのかや、どのように保護するかということも検討して、契約で手当てをしておくべきでしょう。

2　AI ソフトウェアの性能・品質

　機械学習を利用する AI ソフトウェアでは、その素材としてユーザが保有しているデータを利用することが一般的であることから、どのような成果物が完成するかはデータ次第でもあります。そのため、ベンダが成果物を完成させることや、その品質を事前に保証することが難しいところがあります。

　他方で、ユーザは少なくない委託料を支払って開発を依頼するため、成果物が完成することや一定程度の品質があることを求めたいと考えていてもおかしくありません。

　この相反する要求について、両当事者が、開発に入る前の段階で合意することは容易でないことがあります。そこで、AI 契約ガイドラインは、後述する「探索的段階型」の開発方式をとることによって解決する

ことを提案しています。

　探索的段階型の開発方式とは、まずはPoC段階と呼ばれる検証段階において、成果物の実現可能性を検証し、成果物の完成見込みがあると判断される場合に、次の本格的な開発段階に進むという開発方式です。PoCとは、Proof of Concept（概念実証）の略です。「ピー・オー・シー」という呼び方と「ポック」という呼び方がありますが、どちらが主流とはいえないように思います。もし完成の見込みが立たないようであれば、PoC段階で見切りをつけ、完成の見込みが立つようであれば、開発段階に進んで、データと資金を投入して成果物の完成を目指します。

　この方式では、PoC段階の終了時に成果物の実現可能性がある程度見えており、その見込みを元に開発を進めるかを判断しているため、仮に成果物が完成しないとしても、それはユーザもベンダも納得した上での話であり、揉める要素はより少なくなります。

3　知的財産についての権利帰属・利用条件

　AIソフトウェアの開発においては、様々な成果物・中間生成物やノウハウが生成されますが、それらについての権利帰属や利用条件をどうするかが問題となります。

　特に、AIソフトウェア開発においては、成果物・中間生成物といえるものの種類が増えています。また、派生モデルという従来になかった新しい成果物も登場するため、これらの権利帰属・利用条件をどうするかが問題になり、契約における交渉の対象となります。

（1）対象となる成果物の明確化

　この問題を考える際に重要なポイントとしては、まず、成果物やノウハウをできる限り明確にすることです。例えば、「学習済みモデル」と

ひと言でいっても、いろいろな考え方があります。本書では、学習済みモデルとは、「推論プログラム＋学習済みパラメータ」と定義しましたが、アルゴリズムのことだという人もいますし、学習済みパラメータのことだという人もいます。

このように、認識にずれがある可能性があるため、まずは、対象となる成果物の中身をできるだけ明確にすることが望ましいといえます。

また、学習用データセット、学習用プログラム、派生モデル、報告書といった開発の過程で生成される中間生成物についても、権利帰属や利用条件を契約によって定めることが重要です。

(2)成果物・中間生成物の権利帰属

誰に権利を帰属させるかという権利帰属についての議論は、権利帰属先をユーザか、ベンダか、共有か、協議事項にして先送りにするのかという4つのパターンがあります。もっとも、交渉は立場が強いほうの意見が通ることになりがちです。ユーザの場合は、委託料が高額である、開発の規模が大きい、有意義なデータを提供する、継続的な取引が見込まれるといったことが交渉での立場を強めます。他方で、ベンダの場合は、技術力・開発力が高い、実績がある等が交渉での立場を強めます。

このように、権利帰属を決める際の基準として、「寄与度」と「知的財産権」が基準になると考えられます。

まず、寄与度については、寄与度が高ければ高いほど、寄与している者に権利が帰属するというのが合理的です。寄与度の考慮要素としては、以下が挙げられます。

・支払われる対価の額や支払条件等
・当時者が提供したデータ・ノウハウ・創意工夫の価値
・当事者の技術力や開発力
・生成や作成に要した人的、物的なコスト

・既存のモデルやソフトウェアを利用した場合、それらの価値

　次に、知的財産権が発生する場合には、まず、法律の定めに従って権利の帰属先が決まり、次に、権利者から他の当事者に権利を移転するか否かについて契約で定めることになります。例えば、プログラムであれば、著作権法の定めによって、通常は、プログラムを創作したベンダが著作権者となります。そのため、ユーザを権利者とするには、ベンダからユーザに対して著作権を移転する必要があります。

　権利が誰に帰属するかということは重要ですが、権利帰属で揉めることで開発が前に進まないようなことがあれば、それは本末転倒です。そもそも、どこまで権利帰属にこだわる必要があるのかを、よく考える必要があります。

　知的財産は無体物であるため、有体物と違って同時に複数の者が利用することも可能であり、利用によって価値が減るものでもないため、権利が帰属しなくても、全く自由な利用権限があれば、権利を持っている状況とほとんど同じといえます。そのため、知的財産において、どのような利用条件で利用できるかというほうが、権利帰属よりも重要です。

　権利帰属を決めるとすれば、前述した4つのパターンしかないため、選択肢が限られていますが、利用条件については当事者の要望に応じて柔軟な対応が可能です。

　そもそも、AI技術の進歩のスピードは非常に速いため、素晴らしい学習済みモデルの権利を持っていても、すぐに陳腐化する可能性があります。その意味でも、どこまで権利を持つことにこだわるのかを、よく考える必要があります。

　また、ユーザが開発に関する権利は自分のものだとこだわってしまうと、ベンダにとっては、開発のインセンティブが弱くなってしまいます。強いベンダが相手なら、そもそも「それなら貴社の仕事は受けません」と断られてしまうでしょう。弱いベンダが相手でも、仕事を断らないと

しても、そのようなプロジェクトには優秀な人材をあてないということも考えられます。ユーザが、自分たちの権利をあまりにも強く主張することは、ベンダの開発のインセンティブを削ぐ恐れがあることを認識すべきでしょう。

他方で、学習済みモデルが、ユーザの特殊な環境や設備に依存している場合には、ベンダは、そのようなAIソフトウェアの権利を持っていても使い道がないため、権利はユーザに帰属させても構わないとすることもあります。

第Ⅰ編第3章で述べたとおり、最近の実務では、ユーザ側の考え方として、コアビジネスとノンコアビジネスに分けて、コアビジネスに関するAIソフトウェアの権利は、自社の大切なデータとノウハウを投入してAIをつくるため、自社に権利を帰属させるが、事務作業の業務効率化などのノンコアビジネスについてのAIソフトウェアの権利については、権利はベンダに帰属させて、良いものをより安い値段で使うという考え方も出てきています。

何でも権利を取得することが善であるという単純な発想ではなく、重要なものは自分たちに権利を帰属させ、そうでないものはベンダに権利を帰属させて、ベンダが自由に開発できるようにするという考え方が合理的だと考えられます。

(3)成果物・中間生成物の利用条件

知的財産権が成立するものについては、その権利帰属と利用条件が問題となりますが、知的財産権が成立しないもの（例えば事実データ）については、その権利帰属は問題とならず、利用条件を定めることによってその取扱いを規律することになります（**図表Ⅰ-7-2**）。

先ほど述べたとおり、契約交渉では、知的財産権の帰属がよく問題となりますが、それは絶対的なものではありません。つまり、権利がどち

らかの当事者に属しても、ライセンスを受ければ使うことはできます。

　知的財産の権利を持つということは、基本的に、契約に定めていない事態が生じたときの最終決定権を持つことを意味しますが、契約に利用条件をきちんと定めておけば、それに従って利用することができます。

　もちろん、権利はあったほうが良いですが、本当に不可欠なものかということを考える必要があります。権利帰属にこだわって開発が進まなくなるよりも、利用条件を柔軟に設定して、お互いの落としどころを探るほうが合理的であるといえます。

【図表 I-7-2】権利帰属や利用条件の設定

〈契約で定めるべき事項〉

	法律によるデフォルトルールの有無	契約で定めるべき事項
知的財産権の対象と**なるもの**	【有】 ・著作権法、特許法等により、誰にどのような権利が発生するのか定められている ・そのうえで契約による修正は可能	知的財産権の 「権利帰属」＋「利用条件」
知的財産権の対象と**ならないもの**	【無】 ・契約で合意したとおりとなる	「利用条件」

〈権利帰属や利用条件の設定〉

一般的な考慮要素	利用条件の交渉ポイント
・対象となるデータやプログラムの生成・作成に寄与した程度（寄与度） ・生成・作成に対する労力 ・必要な専門知識の重要性 ・データやプログラムの利用により当事者が受けるリスク　等	・**利用目的**（契約に規定された開発目的に限定するか否か） ・**利用期間** ・**利用態様**（複製、改変およびリバースエンジニアリングを認めるか） ・**第三者への利用許諾、譲渡の可否・範囲**（他社への提供（横展開）を認めるか、競合事業者への提供を禁じるか） ・**利益配分**（ライセンスフィー、プロフィットシェア）

出典：経済産業省 情報経済課「AI・データの利用に関する契約ガイドラインの概要」(2019年7月)

(4) 成果物・中間生成物の権利関係・利用条件の整理

　AI ソフトウェアの開発においては、成果物・中間生成物として様々なものが生成され、それが独自の価値を持っている場合があります。また、それらの成果物・中間生成物について、様々な利用条件が設定されることが考えられます。このように多様な成果物・中間生成物について、様々な権利帰属・利用条件を定める必要があることから、これらを図表などを使って整理することは非常に有益です。**図表 I-7-3** は、これらを整理するための一覧表です。

　対象となるものとして、①学習用データセット、②学習用プログラム（著作権）、③学習済みモデル（著作権）、④推論プログラム（著作権）、⑤学習済みパラメータ、⑥派生モデル（再利用モデル）、⑦報告書（著作権）、⑧ノウハウ、⑨開発過程で生じた発明の特許権、⑩成果物に関する発明の特許権、を挙げています。

　なお、学習用データセット、学習済みパラメータには著作権がない可能性が高いため、著作権の帰属を契約で定めても無意味であることが想定されます。したがって、「著作権の権利帰属」を定めるよりも「契約で定めたものを除く、独占的排他的に利用する権利」を定めるほうがより正確な定め方になると考えられます。

　また、学習済みパラメータを含む学習済みモデル、派生モデルについても、プログラム部分については著作権がある可能性がありますが、学習済みパラメータ部分については著作権がない可能性が高いため、同じように考えられます。そのような場合には、学習済みモデルをプログラム部分とパラメータ部分に分けて考えるのも一つの方法ですが、両者を一体として考えて、「契約で定めたものを除く、独占的排他的に利用する権利（著作権を含む）」の帰属を定めることも考えられます。

　ノウハウについても、特許権の対象となる場合は別ですが、基本的には著作権は成立しないため、学習済みパラメータと同様に考えられます。

【図表 I-7-3】 AI開発にかかる成果物・中間生成物の権利帰属・利用条件整理表

	権利帰属	利用条件（ユーザ）				利用条件（ベンダ）			
		利用目的	第三者提供	独占/非独占	有償/無償	利用目的	第三者提供	独占/非独占	有償/無償
学習データセット※									
学習用プログラム（著作権）									
学習済みモデル（著作権）									
推論プログラム（著作権）									
学習済みパラメータ									
派生モデル（再利用モデル）									
報告書（著作権）									
ノウハウ※									
開発過程で生じた発明の特許権									
成果物に関する発明の特許権									

※教師データについて、別途、検討する必要がある場合があります。

※ノウハウについては様々なものが考えられるため、権利帰属・利用条件を契約に定める場合には、その内容を特定する必要性が高いといえます。

※第三者提供の定めの中には、提供先からさらに第三者提供（再提供）を認めるかについても定める必要があります。

※利用期間については契約期間と同一とすることが多いと思われますが、別の定めを設けることも考えられます。

利用条件を定めるにあたっては、**図表 I-7-2**に記載されているように、一般的に考慮する要素は、以下のとおりです。

・対象となるデータやプログラムの生成・作成に寄与した程度(寄与度)
・生成・作成に対する労力
・必要な専門知識の重要性
・データやプログラムの利用により当事者が受けるリスク

そして、利用条件の設定にあたっては、以下の項目が主なポイントとなります。

① 利用目的
② 利用期間
③ 利用態様
④ 第三者への利用許諾、譲渡の可否・範囲、独占／非独占
⑤ 利益配分、有償／無償

以下、これらについて具体的に解説します。

① 利用目的

利用目的については、契約に規定された開発目的に限定するか否かが項目として考えられます。契約に規定された開発目的での利用は当然認められますが、それ以外の研究や開発のための学習済みモデル等の利用を認めるかについては、当事者で検討する必要があり、その可否を利用条件として設定します。

② 利用期間

利用期間については、一定期間のみ認めるものもあれば、買い切り型にして永久利用を認めることもあり得ます。

③ 利用態様

　利用態様については、複製、改変、リバースエンジニアリングを認めるかということが項目として考えられます。改変を認める場合には、改変によって生成されたものについての権利関係や利用条件を定める必要が生じます。

④ 第三者への利用許諾、譲渡の可否・範囲、独占／非独占

　他社への提供（横展開）を認めるか、競合事業者への提供を禁じるか、契約当事者に独占的に利用させるのか否かということが項目として考えられます。

　収益の機会確保やより多くのデータの収集という観点から、どちらか一方の当事者が横展開を望むことは十分あり得ます。他方で、学習済みモデルやデータが他社に漏えいすることを警戒する当事者は、他者（特に競合他社）への提供を避けたいと考えるでしょう。

　そこで、第三者への提供を認めるか否か、裏を返せば、契約当事者に独占的に利用させるのか、そうでないのかが検討の対象となります。

　第三者に提供を認める場合は、その範囲がどこまでかということも検討の対象となります。企業の中には、学習済みモデルなどを第三者に提供してもよいが、競合会社には提供して欲しくないと考える企業もあるため、そのような場合には、競合会社を第三者に提供できる範囲から除外することが考えられます。

　また、第三者提供先の第三者から、さらに他の第三者への提供を認めるかについても検討する必要があります。さらなる他の第三者への提供を認める場合には、第三者提供の範囲が拡大することになります。

⑤ 利益配分、有償／無償

　利用条件において、利用許諾の対価として有償・無償の別を定める

ことがあります。通常、開発委託契約において開発費を支払うという規定が設けられていることが多いことから、利用許諾の対価はこの開発費に全て含まれていると考えることが多いと思われます。しかし、当事者間で別途定めることは可能ですし、追加学習したモデルについては、当初の開発費ではカバーしていないと考えることが多いため、それらの利用については、別途、利用許諾の対価が発生すると定めることも十分に考えられます。

　また、学習済みモデル等を他社に提供するような場合には、その利益配分をどうするかということが項目として考えられます。利益配分の方法としては、ライセンスフィーやプロフィットシェアが考えられます。

3 責任に関する問題

AIソフトウェア開発の責任に関する問題としては、大きく分けて以下の3つのポイントがあります。

1 AIソフトウェアの品質不足・開発頓挫

AIソフトウェアに品質・性能の不足があったときに、ベンダが責任を取るのか、ユーザが責任を取るのかが問題となります。

また、AIソフトウェアが目標とする品質・性能に達しなかった場合には、開発を途中で中止せざるを得なくなり、いわゆる「開発頓挫」という事態になることもあります。そのような場合に、ベンダが責任を取るのか、ユーザが責任を取るのかも問題となります。

これらの場合、ベンダが責任を取るということは、ベンダが開発費を貰えなかったり減額されたりすることを意味し、ユーザが責任を取るということは、ソフトウェアに品質・性能不足があったり、完成しなくてもユーザが開発費を支払うことを意味します。

開発頓挫とは、目標とする品質を達成する成果物ができないことが開発途中で判明したということであり、品質不足と類似の問題といえます。

AIソフトウェアの開発では、典型的にはユーザのデータを使って開発するため、開発頓挫や品質・性能不足の原因がユーザにあるのか、ベンダにあるのか、原因を究明することが困難であると予想されます。

AIソフトウェアの特徴が、データに依存していることや統計的な学習であることから、ベンダに完成義務を負わせたり、品質・性能保証をさせることは、AIソフトウェアの特徴に合致しないといえます。

もっとも、契約であるため、当事者が合意すれば当事者はその合意内容に拘束されることから、ベンダが完成義務を負うことや品質・性能保証をすることを契約に定めるのは可能です。

なお、従来のシステム開発契約の紛争の裁判では、ベンダはプロジェクトマネージメント義務を、ユーザは協力義務をそれぞれ負っており、その義務違反を分析することで責任分担を判断するという手法がとられてきました。AIソフトウェア開発においても、ベンダがプロジェクトマネージメント義務を、ユーザが協力義務を負うことに変わりはないと考えられますが、データを提供することについて、どのように位置付けるかということについては、全く議論されていないように思われます。ユーザのデータ提供義務は、ユーザの協力義務の一環として捉えることも考えられますが、AIソフトウェア開発におけるデータの重要性と不可欠性に鑑みれば、ユーザの「協力」義務という位置付けでよいのか、改めて考える必要があるでしょう。

■ 2 AIソフトウェアの利用による事故の責任

AIソフトウェアを利用した結果、とちらが事故が起きたときの責任を取るのかが問題となります。

AIソフトウェアの利用によって事故が起こった場合、どこに問題があって事故が起こったのかという原因を解明することは、従来のソフトウェアのようにロジックを積み上げることで作成していないAIソフトウェアでは困難といえます。

AIソフトウェア、特にディープラーニングは、ブラックボックスで

あるともいわれています。最近は、説明可能な AI をつくるという技術
も研究されていますが、いずれにしても、データ、アルゴリズム、学習
方法のどこに問題があったかを突き止めるのは容易ではありません。

　そうだとすると、AI ソフトウェアを利用するのはユーザ側ですから、
事故が起こってユーザが損害を被ったとしても、ベンダに責任があるこ
とが明らかな事案を除いて、責任を追及することは相当難しいといえま
す。

　他方で、ベンダとしては、無制限に責任を負う可能性があれば、リス
クが高すぎてソフトウェアを提供できないため、損害賠償額について何
らかの上限を設けるのが通常です。これは AI ソフトウェアに限った話
ではなく、従来型のシステム開発契約においても上限を設けることは珍
しくありません。

■ 3　第三者の知的財産権侵害の責任

　AI ソフトウェアについては、第三者が特許権や著作権といった知的
財産権を有している場合があり、その場合には、知的財産権を有してい
る者から、差止請求や損害賠償請求をされる可能性があります。

　そこで、そのような場合に、ユーザとベンダのどちらが責任を取るの
かが問題となります。

　ユーザとしては、ベンダがどのような技術を使って AI ソフトウェア
を生成しているのかを知り得ないことから、知的財産権の侵害があった
場合には、ベンダの責任であると考える傾向があります。他方で、ベン
ダの中には、著作権はともかく、特許権については侵害しているかを知
ることができないものもあり、特許調査などを行えば費用も時間もかか
るため、想定されている開発費用とスケジュールでは責任は負えないと
考える傾向があります。つまり、ベンダからすれば、その費用とスケ

ジュールでやるのなら知的財産権の保証はできない、ということになります。

　これについては、いずれの考え方も成り立ち得るため、当事者間の交渉に委ねられる事項といえます。

第 **II** 編

AI ソフトウェア開発契約
のモデル契約

第 **1** 章

AI ソフトウェア開発契約の
モデル契約の基本的な考え方

1 本編の目的

　本編では、今までの解説をベースとして、AI ソフトウェア開発契約について、どのようなことが問題となり、どのような点に注意したらよいのかについて、モデル契約を示しながら解説していきます。

　AI ソフトウェア開発契約のモデル契約については、経済産業省の「AI・データの利用に関する契約ガイドライン（2018年6月）」（以下、「AI 契約ガイドライン」）にモデル契約（以下、「経産省モデル契約」）が示されています。

　もっとも、この経産省モデル契約は公表からすでに1年以上が経っており、この AI 契約ガイドラインによって AI 開発契約のプラクティスもある程度固まってきたこともあって、さらに突き詰めた部分が問題となることもあります。そこで、本書では、経産省モデル契約をベースとして、若干の変更を加えたモデル契約を提示し、それに解説を加えていきます。本書で提示する変更後のモデル契約を「本モデル契約」と呼ぶことにします。

2　AI・データの 利用に関する 契約ガイドライン

1　AI 契約ガイドライン作成の背景

　経済産業省の AI 契約ガイドラインは、作成当時の2017年頃において
は、AI 技術の特性が世間に広く理解されていなかったことから、AI ソ
フトウェアの開発・利用にあたって、AI 技術の特性を踏まえた上で、
契約書を作成する際に考えなければならない事項や、トラブルを予防す
る方法などについて、基本的な考え方を提示しています。

　AI 契約ガイドラインは、ユーザとベンダの両方が納得した上で、合
理的な契約を締結できるようにすることで、AI ソフトウェアの開発・利
用についての契約プラクティスを形成することを後押しし、AI 技術を
利用したソフトウェアの開発・利用を促進することを目的としています。

　現在でも、AI 技術の特性について理解しておらず、そもそも AI を使
えば何でもできるといった初歩的な間違いや、旧来型のシステム開発の
発想の延長線で AI ソフトウェアを考えている人がいます。そのような
人に対しては、AI 契約ガイドラインを使って説明することで、理解を
求めるということも考えられます。

　AI 契約ガイドラインは、「AI 編」と「データ編」の2つの編から構成
されています。AI ソフトウェアの開発において、データは非常に重要
な要素であるため、同じガイドラインで AI とデータの両方を取り扱っ
ています。

「AI編」については、既存のガイドラインはなく、新規に作成されましたが、「データ編」については、経済産業省の既存のガイドラインが存在しており、それをアップデートする形で作成されています（**図表Ⅱ-1-1**）。従来のシステム開発契約では、2007年公表の経済産業省商務情報政策局情報処理振興課「情報システムの信頼性向上のための取引慣行・契約に関する研究会〜情報システム・モデル取引・契約書〜（受託開発（一部企画を含む）、保守運用）〈第一版〉」（以下、「モデル契約2007」）が、実務において広く参考にされていました。そこで、経産省モデル契約は、従来の契約実務との継続性という観点から、モデル契約2007の考え方を基本的に踏襲しつつも、AI技術を利用したソフトウェアの特性を考慮して作成されています。

　なお、経産省のモデル契約は、あくまで、AI技術を利用したソフトウェア開発・利用契約の理解を促進するための参考として作成されたものであるため、法的拘束力があるものではなく、当事者が経産省モデル契約と異なる契約を締結することや、修正を加えることは自由です。

【図表Ⅱ-1-1】 新契約ガイドラインの全体像

●旧ガイドラインに寄せられた意見等を踏まえ、<u>データの取引に係る類型・分野毎のユースケースを大幅に拡充</u>するとともに、<u>AIの開発・利用に係る契約モデル等を新たに整備。</u>

<改訂のポイント>

●AI開発・利用に関する契約実務を新たに追加

●契約の幅広いオプションやモデル条項を例示

●具体的なユースケースを多数盛り込み
　（旧GLでは2事例→新GLでは10事例）

●海外のデータ移転規制（中国サイバー法、欧州GDPR）など国際取引への対応も記載

<旧データ契約ガイドライン>

データの利用権限に関する
契約ガイドライン
ver.1.0（H29.5）

大幅に拡充

<**新契約ガイドライン**>
「AI・データの利用に関する契約ガイドライン」

追加

「**AI開発**」契約
AIの技術特性や開発方式から丁寧に解説

「**AI利用**」契約

拡充

「**データ共用型**」契約
プラットフォームを利用した
データの共用を行う類型

「**データ提供型**」契約
保有するデータを相手方に提供する類型

「**データ創出型**」契約
新たにデータを取得するところから行う類型

出典：経済産業省　AI・データの利用に関する契約ガイドライン「概要資料」

2　AI契約ガイドラインの概要

　AI契約ガイドラインは、「強いAI」ではなく「弱いAI」を対象としており、さらにその中で、最近の企業向けのAI開発において主要な手法となっている統計的機械学習（ディープラーニングを含む）を利用したAIソフトウェアを対象としています。

　AI契約ガイドラインは、次のように構成されています（**図表Ⅱ-1-2**）。

①　AI技術の解説

②　AI開発における基本的な考え方

③　学習済みモデルの開発契約におけるポイント

④　学習済みモデルの利用契約におけるポイント

⑤　国際的取引の視点

⑥　モデル契約書案と解説

⑦　ユースケース集

【図表Ⅱ-1-2】AI 編の概要

【目的】
AIソフトウェアの特性を踏まえた上で、開発・利用契約を作成するにあたっての考慮要素、当事者の適切なインセンティブ形成の方法、トラブル予防方法
等についての基本的考え方を提示。当事者が納得する合理的な契約を締結するための情報を示し、契約プラクティスを形成する一助とする。

【AI技術の解説】
・基本的概念（AI、AI技術、機械学習）の説明等
・本ガイドラインが想定するAI技術の実用化の過程学習段階（学習用データセット生成段階、学習済みモデルの生成段階）、利用段階

●AI技術の特性
・学習・推論の結果、生成される学習済みモデルの性質・効果が契約締結時　・ノウハウの重要性が高いこと
　に不明瞭な場合が多いこと　　　　　　　　　　　　　　　　　　　・生成物について再利用の需要が存在すること
・学習済みモデルの性質・効果が学習用データセットによって左右されること

【AI開発における基本的な考え方】
AIソフトウェアの開発・利用を巡る契約の現状、契約検討に向けた視点、当事者間で問題が生じうる事項、契約内容の決定、独禁法の問題

学習済みモデルの開発契約におけるポイント	学習済みモデルの利用契約におけるポイント
◆学習済みモデルの開発類型：学習済みモデルのみ開発する類型、学習済みモデルを含んだシステムを開発する類型、学習済みモデルの開発の再受託を受ける類型 ◆開発方式：ソフトウェア開発方式（ウォーターフォール型/非ウォータフォール型）、学習済みモデル開発に適した開発・契約方式 ◆契約における考慮要素：契約の法的性質、契約における交渉のポイントと留意点	◆学習済みモデルの利用サービス類型：ベンダが学習済みモデルを提供し、ユーザが利用するサービス、ベンダが学習用プログラムを提供し、ユーザが利用するサービス方式等 ◆サービスの提供方式：クラウドサービス型/オンプレミス型/その他 ◆契約の形式：クラウドサービス契約/ソフトウェアライセンス契約等 ◆契約における考慮要素：学習済みモデルのカスタマイズ、入力データ、再利用モデル、AI生成物

国際的取引の視点
◆適用法の確定・紛争解決手段の選択
◆AI技術を利用したソフトウェア開発・利用で問題となりうる事項：データ作成段階（著作物を含む場合、パーソナルデータを
　含む場合、表明保証条項の活用）、学習済みモデルの開発段階（権利帰属、リバースエンジニアリングの禁止）、学習済みモ
　デルの利用段階（外為法・技術輸出入規制）

モデル契約書案と解説 探索的段階型開発を想定したそれぞれの段階における契約 (秘密保持契約書、導入検証契約書、ソフトウェア開発契約書)

別添ユースケース集 作業部会において検討した5ケースについて構成員の法的見解と併せて収載

出典：経済産業省　AI・データの利用に関する契約ガイドライン「概要資料」

① AI 技術の解説

　「AI 技術の解説」においては、AI の基本的概念についての説明がされるほか、AI 技術の特性として、(a) 学習・推論の結果、生成される学習済みモデルの性質・効果が契約締結時に不明瞭な場合が多いこと、(b) 学習済みモデルの性質・効果が学習用データセットによって左右されること、(c) ノウハウの重要性が高いこと、(d) 生成物についての再利用の需要が存在すること、を解説しています。

② AI 開発における基本的な考え方

　「AI 開発における基本的な考え方」においては、(a) AI ソフトウェアの開発・利用を巡る契約の現状、(b) 契約検討に向けた視点、(c) 当事者間で問題が生じ得る事項、(d) 契約内容の決定、(e) 独禁法の問題、について解説しています。そして、AI ソフトウェア開発における問題の所在と解決の方向性について、**図表Ⅱ-1-3**に考え方が示されています。

【図表Ⅱ-1-3】AI ソフトウェア開発における問題の所在と解決の方向性

問題の所在	本ガイドラインが示す解決の方向性
① AI 技術の特性を当事者が理解しておらず、当事者の意見の食い違いや誤解が生じやすい。	AI 技術の**基本的概念や特性**から解説。当事者が共通の認識を前提として契約交渉に臨むことを期待。
② AI ソフトウェアについての権利関係・責任関係等の法律関係が不明確であり、予測可能性が低い。	契約によって、権利帰属のみならず、成果物やデータに対する**利用条件をきめ細やかに設定する枠組み**を提案。
③ ユーザがベンダに提供するデータに高い経済的価値や秘密性がある場合があり、ユーザのニーズ（流出懸念、成果物への権利主張）との調整を要する。	**当事者の状況や提供するデータの性質を反映した利用条件**を設定することを提案。
④ AI ソフトウェアの開発・利用に関する契約プラクティスが確立しておらず、契約コストが発生。	AI 技術の特性を考慮し、従来型のソフトウェア開発とは違った「**探索的段階型**」の開発方式を提唱。モデル契約も提供。

出典：経済産業省 情報経済課「AI・データの利用に関する契約ガイドラインの概要」(2019年7月)

③ 学習済みモデルの開発契約におけるポイント

　「学習済みモデルの開発契約におけるポイント」においては、AI ソフトウェアに適した開発方式について解説し、開発契約の法的性質や交渉のポイントと留意点について解説しています。

④ 学習済みモデルの利用契約におけるポイント

　「学習済みモデルの利用契約におけるポイント」においては、学習済みモデルのカスタマイズ、入力データ、再利用モデル、AI 生成物について解説しています。

⑤ 国際的取引の視点

　「国際的取引の視点」においては、適用される法律の問題や紛争解決手段の選択について解説しています。

⑥ モデル契約書案と解説

　「モデル契約書案と解説」においては、開発契約のモデル契約を提示し、それに対する解説をしています。なお、利用契約については、サービス内容によって記載事項が大きく異なるため、モデル契約は提示されていません。

⑦ ユースケース集

　「ユースケース集」においては、実際の相談事例を紹介した上で、具体的な事例に基づいて、どのように考えるべきであるのかについての方向性を示しています。

3 AIソフトウェアの開発方法

■ 1 探索的段階型の開発方法

　AIソフトウェアの開発では、何度も試行錯誤を重ねることになります。特に学習済みモデルの開発では、目標とした性能に一発で達することはまずありません。目標とした性能に達しない場合には、AIに学習させるデータそのものの変更・追加や、加工方法の変更をしたり、アルゴリズムの変更・追加をしたり、学習方法を変えたりといった試行錯誤を繰り返すことで、目標とした性能に達するように開発を進めていきます。

　そのため、従来のシステム開発のように、まず、要件定義を確定した上で、それを前提として開発を進めていくウォーターフォール型の開発は実態にあわない場合が多いといえます。

　データに依存する学習済みモデルは、すでに述べたとおり、契約を締結する時点では、成果物として何が出来上がるかを事前に予測することが難しいという特性があります。また、目標とした性能を達成できなかった場合に、どこを修正すれば性能が上がるのかを検証することも容易ではありません。しかし、開発費を支払うユーザとしては、開発費を支払った以上、ベンダに「やってみたけれど、できませんでした」と言われても困るし、そのような開発には開発費を支出できないと考えるでしょう。他方で、ベンダとしても、ユーザのデータを十分に分析していない段階で、「確実につくることができます」と言うことはできません。そこで、

このお互いに相反する要求に折り合いをつける必要があります。

　AI契約ガイドラインでは、このようなAIソフトウェアの特徴を考慮して、開発プロセスを別個独立した複数の段階に分けて探索的に開発を行う「探索的段階型」の開発方式を採用することを提唱しています。

　具体的には、**図表Ⅱ-1-4**のとおり、①アセスメント段階、②PoC段階、③開発段階、④追加学習段階の4段階による開発方式です。

　そして、それぞれの段階において、それに適した契約書、すなわち、①アセスメント段階では秘密保持契約書、②PoC段階では導入検証契約書、③開発段階ではソフトウェア開発契約書、④追加学習段階では追加学習に関する契約書（保守契約に含まれることも考えられる）、を締結することを想定しています（**図表Ⅱ-1-5**）。

　まず、①アセスメント段階では、ベンダが、ユーザのデータの一部を見て、学習済みモデルの生成可能性を検証します。まずはデータを見ないと、ユーザが希望する精度の学習済みモデルができるか見当もつかないことが多いからです。この段階は、わかりやすく言うと「味見」のような段階です。この段階で、データが全く不足しているということであれば、プロジェクトを断念することも考えられますし、「行けそう」という感触を得られたのであれば、次のPoC段階に進むことになります。

　このアセスメント段階では、通常、ユーザの保有するデータの一部をベンダに開示することになるため、ユーザはデータに関する秘密保持契約をベンダと交わすことが適切と考えらます。また、この段階は極めて初期的であるため、権利関係について定めないことも多く、また、費用が無償であることも多いと思われます。その意味で、アセスメント段階での契約は、秘密保持義務を中心に規定した契約になります。

【図表Ⅱ-1-4】 ウォーターフォール型と探索的段階型

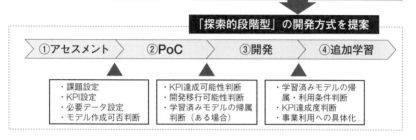

従来型のソフトウェア開発
（ウォーターフォール型）
・あらかじめ全体の機能設計・要件
　定義を済ませてから機能を実装
・当初の要求仕様通りに進むため、
　契約時に契約内容や責任範囲を
　明確に定めることが可能

| 要件定義 | 設計 | 実装 | テスト |

AIソフトウェア開発
・①契約時に成果が不明瞭な場合が多い
　②性能が学習用データセットに左右される
　③開発後もさらに再学習する需要がある
・こうしたAI技術の特性を踏まえると、試行錯
　誤を繰り返しながら納得できるモデルを生成
　するという新しいアプローチが考えられる

「探索的段階型」の開発方式を提案

| ①アセスメント | ②PoC | ③開発 | ④追加学習 |

・課題設定
・KPI設定
・必要データ設定
・モデル作成可否判断

・KPI達成可能性判断
・開発移行可能性判断
・学習済みモデルの帰属
　判断（ある場合）

・学習済みモデルの帰
　属・利用条件判断
・KPI達成度判断
・事業利用への具体化

出典：経済産業省 情報経済課「AI・データの利用に関する契約ガイドラインの概要」(2019年7月)

【図表Ⅱ-1-5】 探索的段階型開発方式における目的・成果物・契約

	①アセスメント	② PoC	③開発	④追加学習
目的	一定量のデータを用いて学習済みモデルの生成可能性を検証する	学習用データセットを用いてユーザが希望する精度の学習済みモデルが生成できるかを検証する	学習済みモデルを生成する	ベンダが納品した学習済みモデルについて、追加の学習用データセットを使って学習をする
想定される成果物	レポート等	・レポート ・学習済みモデル （パイロット版）　等	学習済みモデル等	再利用モデル等
締結する契約	秘密保持契約書等	導入検証契約書　等	ソフトウェア開発契約書	場合による

段階ごとに、論点や様々なオプションを提示。
さらにモデル契約書案を収載。

出典：経済産業省 情報経済課「AI・データの利用に関する契約ガイドラインの概要」(2019年7月)

なお、AI 開発についてユーザがベンダにコンサルティングを依頼するような場合には、アセスメント段階の契約は、コンサルティング契約に類似するものとなります。

　次に、② PoC 段階では、ユーザが保有するデータなどから学習用データセットを生成し、この学習用データセットを用いて、ユーザが希望する精度の学習済みモデルが生成できるかを検証します。

　この PoC 段階において、ある程度の精度がある学習済みモデルが生成できそうだという見込みがある場合には、次の開発段階に進むことになります。この段階で、精度が出る見込みがない場合には、開発を断念することになります。

　③開発段階では、本格的に学習済みモデルを生成する段階です。PoC 段階で、どのようなデータ、アルゴリズム、学習方法を使うかについては、ある程度の方向性が決まっていることが想定されています。

　④追加学習段階では、納品した学習済みモデルについて、追加の学習用データセットを使って学習をする段階です。

　もっとも、開発の各段階は、必ずしも明確に区別する必要はなく、その一部または全部が連続的に行われる場合もあります。

　また、これらの各段階が契約で定める期間内に完了しない場合もあり、さらに複数のステップに分かれたり、契約期間が延長されることもあります。特に PoC 段階では、例えば、契約期間を3か月と切った上で、開発の状況や必要に応じて何回か延長をするということも考えられます。

　このように開発過程を多段階に分ける考え方は、ウォーターフォール型開発やアジャイル型開発とも共通し、必ずしも目新しいものではありません。しかし、この「探索的段階型」の開発方式は、開発初期に成果物を確定しない点でウォーターフォール型開発と異なり、開発全体を一つの基本契約で規律するフレームワークを採用しない点でアジャイル型

開発と異なります。

このような「探索的段階型」の開発方式を採用するメリットとしては、次のものがあります。

第一に、学習済みモデル生成においては、従来型のソフトウェア開発と異なって、開発対象や性能について事前に予測することが困難です。そこで、開発を複数段階に分け、各段階における達成目標を明確にすることで、ユーザとベンダとの間で、認識の共有や話合いが促進されることになります。これにより、最終的な成果物である学習済みモデルの内容や性能について、ユーザとベンダの認識が大きく異なるという事態を避けることができます。

第二に、学習済みモデルの開発では、多大な開発費と労力を投入したにもかかわらず、開発の途中で期待した性能を発揮できないことが明らかとなり、開発を中止することも十分に考えられます。そこで、開発を複数段階に分けることで、期待した性能を達成することが困難であることが判明した場合には、早めに開発を中止することによって、それ以上の損失が拡大することを防ぐことが可能となります。

■ 2 　各段階の解説

「探索的段階型」の開発方式の各段階について、詳しく解説すると次のようになります。

(1)アセスメント段階

「アセスメント段階」は、ベンダがユーザとの間で秘密保持契約を締結した上で、例えば、ユーザ側でそれほど労力をかけずに提供できるデータを見せてもらい、学習済みモデルの生成可能性があるか否かを事前に検証する段階です。

この段階では、レポートなどの成果物の提供を伴うこともありますが、極めて初期的な段階であるため、学習済みモデルを成果物として提供することは想定されていません。

　どのような事前検証をするかについてはケース・バイ・ケースですが、重要なのは、ユーザが、AI 導入により何を解決したいのかを探求すること、つまり、「課題の設定」をすることです。

　AI 技術に対する理解不足や、ブームに乗せられて「とりあえず AI を導入したい」といった問題意識のみで学習済みモデルの開発をするケースも見受けられます。しかし、AI 技術はあくまでも IT ツールにすぎず、これを使って、どのようなビジネス上の課題を解決するかが重要です。ユーザから話を聞いてみると、「既存の IT 技術で十分で、わざわざ AI を使う必要はない」ということもあります。

　また、ビジネス上の課題が、いかなる場合に達成できたと評価するかについて、いわゆる「KPI」が設定できる場合は、KPI を明確にすることも重要です。

　このようなビジネス上の課題や KPI の設定は、ユーザがどのような事業を営むかによることから、基本的にはユーザの責任において行い、ベンダはそれを支援するという役割分担が適しているように思われます。

　これらの課題を明確にした上で、ユーザがベンダに対してどのようなデータを提供する必要があるのか、必要なデータは十分にあるのか、足りないデータがある場合にはどのように集めるのか、といったことをユーザとベンダ間で協議し、学習済みモデルの生成可能性を検証します。

　データに関する打合せや検証作業は、ユーザとベンダとの間の密接なコミュニケーションを伴うことから、有償での契約を締結した上で、数か月単位の時間をかけて行うこともあります。

　なお、アセスメント段階で、およそ成功可能性がないということになれば、AI 開発を断念することになります。

また、アセスメント段階を踏まずに PoC 段階からスタートする場合や、アセスメント段階と PoC 段階を一体として実行する場合も考えられます。

(2)PoC 段階

　「PoC 段階」は、ユーザまたはベンダが保有しているデータをもとに学習済みモデルの生成を進めるかについて検証する段階です。

　PoC 段階では、基本的にはユーザが保有している一定量のデータや、新たにデータを生成するのであれば生成されたデータを用いて、学習用データセットを生成し、それを使って学習済みモデルの生成・精度向上作業を行い、事後の開発の可否や妥当性を検証します。そして、検証の結果はレポート（報告書）にまとめられ、ベンダからユーザに納品されることが一般的です。

　また、PoC 段階では、学習済みモデルのパイロットテストを含む検証を行うこともあります。その場合には、成果物として学習済みモデルが生成されることもあるため、その権利帰属や利用条件について協議をする必要が生じます。

　PoC 段階の契約では、その対象範囲や対象期間について合意しておくことが重要となります。また、PoC 段階は、学習済みモデルを試行錯誤しながら生成していくことから、想定していた期限で完了せず、双方合意の上で何回か開発期間を延長することもあります。

　PoC 段階では、その後に開発段階への移行が想定されています。そのため、次の段階に移行した場合も想定して検討することが望ましいといえます。例えば、検証のために提供されるデータや成果物（特に学習済みモデル）に関する権利帰属・利用条件について、各段階の取扱いをあらかじめ検討しておくことが望ましいといえます。

(3)開発段階

　「開発段階」は、実際に学習用データセットを用いて学習済みモデルを生成する段階です。本格的な開発段階であるため、開発段階での契約では、権利関係や責任関係をきちんと決めておくべきです。

(4)追加学習段階

　「追加学習段階」は、ベンダが納品した学習済みモデルについて、追加の学習用データセットを使って学習する段階です。

　学習済みモデルを生成したベンダが追加学習の支援をすることもあれば、全く別のベンダが追加学習を実施する場合もあります。

　また、保守運用とセットでなされることも考えられます。

4 経産省モデル契約のポイント

AI技術の特性を踏まえた経産省モデル契約の特徴は次のとおりです。

① 探索的段階型開発に沿った契約書(秘密保持契約書、導入検証契約書、ソフトウェア開発契約書)を提示している
② ユーザが提供するデータの保護と利活用を図るため、データの取扱いに関する規定を充実させている
③ 成果物等の取扱いについて、利用条件をきめ細やかに設定することでユーザとベンダの利益調整を図る枠組みを提示している
④ ベンダは成果物の完成義務や性能の保証を行わない案を提示している

以下、AI契約ガイドラインにおいては、秘密保持契約書、導入検証契約書、ソフトウェア開発契約書の3類型の経産省モデル契約が提示されています。それぞれが、どのようなことを想定して作成されているかについて個別に解説します。

1 アセスメント段階：秘密保持契約書

アセスメント段階においては、秘密保持契約書を締結するケースを想定しています。秘密保持契約書のモデル契約は、ユーザから限定的なサ

ンプルデータを受領し、短期間で AI 技術の導入可否について検証を行うことを前提としています。なお、この段階では、ベンダが、検証結果を記載した簡易なレポートをユーザに提供することを想定しています。

2 PoC 段階：導入検証契約書

　PoC 段階においては、導入検証契約書を締結するケースを想定しています。PoC 段階において実施する業務内容はケース・バイ・ケースですが、導入検証契約書のモデル契約では以下を前提としています。

・契約当事者：ユーザとベンダ（ユーザ・ベンダの技術レベルや企業規模は問わない）
・契約の法的性質：準委任型
・時期：PoC の初期段階
・業務内容：一定のサンプルデータを用いて学習済みモデルの生成や精度向上作業を行った上で開発の可否や妥当性の検証を行い、成果として検証結果をまとめたレポートを作成する。

　なお、例えば、PoC の後期段階において、実データを用いて学習済みモデルのパイロットテストを含む検証を行い、成果として学習済みモデルが生成される場合には、開発段階に近いといえるため、開発契約における規定（主に、権利帰属や利用条件について）と同様の規定を導入検証契約書に盛り込むことも考えられます。

3 開発段階：ソフトウェア開発契約書

　開発段階においては、ソフトウェア開発契約書を締結するケースを想

定しています。ソフトウェア開発契約書のモデル契約は、以下を前提と
しています。

- ・契約当事者：ユーザとベンダ（ユーザ・ベンダの技術レベルや企業規模は問
  わない）
- ・対象システム：機械学習を利用した特定機能を持つプログラムの開発
- ・契約の法的性質：準委任型（成果完成型、履行割合型のいずれも含む）
- ・時期：開発段階
- ・業務内容：PoC 段階を経て開発可能性があると判断された学習済み
  モデルについて、ユーザが提供するデータを元にベンダ
  が学習用データセットを生成した上で学習済みモデルを
  生成し、ユーザに当該学習済みモデルを提供する。

　経産省モデル契約は、学習済みモデルのみの開発を行うケースを想定
したシンプルな契約を想定しているため、基本契約と個別契約に分けて
いません。一定以上の規模を持つシステムの一部として学習済みモデル
を生成する場合は、基本契約と個別契約に分けたり、システム開発契約
を別契約として締結するなどして、通常のシステム開発契約に必要な条
項（「モデル契約2007」参照）を利用することも考えられます。

　4　追加学習段階

　追加学習段階における契約については、開発段階におけるソフトウェ
ア開発契約書の利用条件の設定や、その際に生成された再利用モデルの
権利関係・責任関係についての規定と同様の規定を設けることが考えら
れます。その内容は、ソフトウェア開発契約書のモデル契約のうちの権
利関係・責任関係の条項とほぼ同一内容となることが想定されるため、

追加学習の段階については、経産省モデル契約では作成されていません。

なお、同様の理由により、本書でもモデル契約を提示していません。

5 本モデル契約の ポイント

　本モデル契約は、経産省モデル契約をベースとして一部変更を加えていますが、変更のポイントは次のとおりです。

　変更を加えた背景としては、第Ｉ編第3章で述べたとおり、AIソフトウェア開発が盛んに行われ本格的な実用化段階に入り、ユーザのAIソフトウェア開発への理解度も高まった結果、最近では、AIソフトウェア開発に習熟したユーザの中には、AIソフトウェア開発を自社のコアビジネス部分に関する開発とノンコアビジネス部分に関する開発に分けた上で、コアビジネス部分についてはユーザの権利の確保を図る一方で、ノンコアビジネス部分についてはユーザの権利の確保を求めないという動きも見られます。

　このようにAIソフトウェア開発を行う分野に応じて、当事者のニーズを考慮しながら、権利帰属や利用条件の在り方を細かく設定するというAIソフトウェア開発のオープン・クローズ戦略の考え方は、当事者のニーズに合致し、AI技術の発展にも資するものといえます。そこで、本モデル契約（主にソフトウェア開発契約）においては、AIソフトウェア開発のオープン・クローズの発想に基づいて、一般的に考えられる権利関係の帰属を提示することにしました。なお、次章の本モデル契約の解説においては、経産省モデル契約に追記した部分に下線を引いています（見やすさの点から削除部分については特に明示していませんが、削除した部分はほとんどありません）。以降、各契約別に変更点とポイントを解説します。

1　アセスメント段階：秘密保持契約書

　秘密保持契約書においては、実質的な変更は加えていません。もっとも、経産省モデル契約には、知的財産権の帰属についての規定が設けられていますが、アセスメント段階は極めて初期的段階であるため、実務的にはそのような条項を設けることは少ないように思われます。

2　PoC 段階：導入検証契約書

　導入検証契約においては、主に以下の点について変更しています。

・知的財産権の権利関係については、PoC 段階の開始時点では、どのような知的財産権が生じるかが不明です。そのため、経産省モデル契約では、概括的な規定しか設けていませんが、PoC 段階で開発が中止するケースや、PoC 段階後にユーザが他のベンダに切り替えるケースも想定されます。そこで、本モデル契約では、PoC 段階においても、知的財産権の権利関係を明確にする規定を設けています。

・探索的段階型の開発方式を採用する場合には、ユーザは PoC 段階後に他のベンダに切り替えることが可能となっています。これは探索的段階型開発方式では、ある意味当然の帰結です。しかし、それではベンダが PoC 段階で成果を上げても、ユーザの一方的な都合により切り替えることができてしまい、ベンダの AI 開発へのインセンティブが失われる恐れがあります。経産省モデル契約では、これに対応するために、ユーザに一定の成果を上げたベンダとは開発契約を締結する努力義務を課す条項をオプションとして挙げていますが、本モデル契約では、さらに一歩進んで、一定の KPI を達成した場合には、開発契約の締結を予約する条項を選択的に設けています。

3　開発段階：ソフトウェア開発契約書

　以上の考え方を踏まえて、本書のソフトウェア開発契約書（以下、「本ソフトウェア開発モデル契約」）については、主に以下の点について変更しています。

【利用条件】

・経産省モデル契約の条項は、著作権の権利帰属、特許権等の権利帰属、利用条件という順番で記載されていましたが、利用条件に関する条項を権利帰属の条項の前に設ける変更をしました。これは、AI契約ガイドラインの「権利の帰属よりも利用条件が重要」という考えや、実務的にも最初に利用条件を協議した上で権利帰属を協議したほうが話がまとまりやすいと考えられることによる変更です。

・利用条件の別紙について、どの成果物・中間生成物を対象としているかがわかりにくかったため、チェックボックス方式を採用して、よりわかりやすい形に変更しました。

【特許権】

・経産省モデル契約では、特許権等の権利帰属については発明者主義を採用していましたが、これに加えて、発明の分野ごとに特許権等の帰属を定める条項を選択的に追加しました。

【データ】

・ユーザが提供するデータの保証の在り方については様々な形態があるため、複数の条項案を提示しています。

【損害賠償】

・損害賠償の上限規定を設けることは一定の合理性が認められますが、ベンダによるデータ漏えい・秘密漏えいの場合には、上限規定を適用する根拠がないと考えられることから、それらの場合には上限規定を設けない規定を選択できる条項を追加しました。

モデル契約と解説

1 アセスメント段階の 秘密保持契約書

秘密保持契約書

●●（以下「ユーザ」という。）と●●（以下「ベンダ」という。）は、●●の実施可能性の検討（以下「本件検討」という。）に伴い、相互に開示する秘密情報の取扱いに関して、次のとおり契約を締結する。

第1条（秘密情報の定義）

> 1　本契約において秘密情報とは、本件検討に関して、相手方より提供を受けた技術上または営業上その他業務上の情報のうち、次のいずれかに該当する情報をいう。
> ①　相手方が書面（電磁的方法を含む。以下同じ）により秘密である旨指定して開示した情報
> ②　相手方が口頭により秘密である旨を示して開示した情報で開示後●日以内に書面により内容を特定した情報。なお、口頭により秘密である旨を示した開示した日から●日が経過する日または相手方が秘密情報として取り扱わない旨を書面で通知した日のいずれか早い日までは当該情報を秘密情報として取り扱う。
> ③　本件検討の対象となる別紙記載のデータ（以下「対象データ」という。）
> 2　前項の定めにかかわらず、次の各号のいずれかに該当する情報

は、秘密情報から除外するものとする。

① 開示者から開示された時点ですでに公知となっていたもの

② 開示者から開示された後で、受領者の帰責事由によらずに公知となったもの

③ 正当な権限を有する第三者から秘密保持義務を負わずに適法に開示されたもの

④ 開示者から開示された時点で、すでに適法に保有していたもの

⑤ 開示者から開示された情報を使用することなく独自に開発したもの

 解 説

1 　本条は、秘密情報の定義を定めたものです。当事者が秘密情報であると指定した情報と、別紙で記載する対象データ（この契約に基づきユーザがベンダに開示するデータ）を秘密情報としており、全ての開示情報を秘密情報とはしていません。しかし、当事者が開示した情報を全て秘密情報として取り扱うことも考えられます。

2 　2項については、一般的な秘密情報からの除外規定を設けています。

第2条（秘密保持義務）

1　受領者は、秘密情報を、秘密として保持し、開示者の書面による事前の承諾を得ることなく、第三者に開示、提供または漏えいしてはならないものとする。

2　受領者は、秘密情報を、本件検討遂行の目的のために知る必要

のある自己の役員及び従業員に限り開示するものとする。

3 　前2項の定めにかかわらず、ユーザによる事前の書面による承認を得た場合（ただし、ユーザは合理的理由なく、かかる承諾を拒否できないものとする。）、ベンダは、秘密情報を、本件検討遂行の目的のために必要な第三者（以下「委託先」という。）に対して開示することができるものとする。この場合、ベンダは、当該委託先に本契約の自己の義務と同等の義務を課すものとし、その秘密情報の管理について一切の責任を負うものとする。

4 　前各項の定めにかかわらず、受領者は、秘密情報のうち法令の定めに基づき開示すべき情報を、可能な限り事前に相手方に通知した上で、当該法令の定めに基づく開示先に対し開示することができるものとする。

第3条（目的外使用等の禁止）

受領者は、秘密情報を本件検討遂行の目的以外の目的で使用、複製及び改変してはならず、本件検討遂行の目的に合理的に必要となる範囲でのみ、使用、複製及び改変できるものとする。

第4条（秘密情報の返却または削除）

1 　受領者は、本契約が終了した場合または開示者から書面にて要求を受けた場合、開示者より開示及び提供を受けた秘密情報を速やかに開示者に返却し、または自らの責任で削除するものとする（秘密情報の複製物及び改変物も同様とする。）。なお、開示者は受領者に対し、当該削除について、証明する文書の提出を求めることができる。

2 　前項の規定にかかわらず、ベンダの秘密情報に、本件検討の結

果について記載したベンダ作成の報告書（以下「報告書」という。）が含まれる場合、ユーザは報告書を本契約の終了後も使用することができるものとする。ただし、ユーザは、自己の社内利用に必要な範囲に限り、報告書を使用、複製及び改変できるものとし、報告書を第三者に開示、提供または漏えいしてはならないものとする。

 解 説

　本条は、秘密情報の返却または削除について定めたものです。

　本条2項に関して、ベンダが作成する報告書を秘密情報として保護するためには、1条1項に従って、秘密である旨の指定をする必要があります。

第5条（秘密情報の保証の限定）

　開示者は、開示する秘密情報に関し、受領者に対して保証しないものとする。ただし、開示者は、秘密情報を受領者に開示する正当な権原を有することを受領者に対して保証する。

第6条（知的財産権）
【A案】知的財産権の取扱いについて、協議により定めるとする場合

1　本契約に基づく秘密情報の開示によって、本契約で明示的に認めた内容を除き、受領者は、開示者の秘密情報に関するいかなる権利についても、取得し、また許諾を受けるものではない。
2　受領者は、開示者の秘密情報に基づき、新たに発明その他の知的財産（以下、あわせて「発明等」という。）が生じた場合、速やかに

開示者に通知し、当該発明等にかかる特許権その他の知的財産権の取扱いについて両者協議の上決定するものとする。

【B案】知的財産権の取扱いについて、発明者主義とする場合

1　本契約に基づく秘密情報の開示によって、本契約で明示的に認めた内容を除き、受領者は、開示者の秘密情報に関するいかなる権利についても、取得し、また許諾を受けるものではない。

2　本件検討の過程で生じた発明その他の知的財産（以下、あわせて「発明等」という。）にかかる特許権その他の知的財産権（以下、特許権その他の知的財産権を総称して「特許権等」という。）は、当該発明等を創出した者が属する当事者に帰属するものとする。

3　ユーザ及びベンダが共同で行った発明等にかかる特許権等については、ユーザ及びベンダの共有（持分は貢献度に応じて定める。）とする。この場合、ユーザ及びベンダは、共有にかかる特許権等につき、それぞれ相手方の同意なしに、かつ、相手方に対する対価の支払いの義務を負うことなく、自ら実施または行使することができるものとする。

4　ユーザ及びベンダは、前項に基づき相手方と共有する特許権等について、必要となる職務発明の取得手続（職務発明規定の整備等の職務発明制度の適切な運用、譲渡手続等）を履践するものとする。

 解　説

1　本条は、本件検討の過程で特許権、著作権等の知的財産権が生じる場合の知的財産権の取扱いについて定めたものです。もっとも、アセスメント段階は極めて初期段階であり、レポート・報告

書の著作権を除き、知的財産権が生じる現実的な可能性は低いため、実務的には不要な場合が多いと考えられます。

2 　仮に知的財産権が生じるとしても、このモデル契約では、簡易な検証を想定しているため、権利帰属が問題となるような知的財産が生じない場合も多いと想定されます。また、アセスメント段階に入る前の時点で、どのような知的財産が生じるかについて予測することは極めて困難です。そのような状況においては、当事者間であらかじめ知的財産権についての取り決めをするための交渉に時間を費やすよりも、知的財産が生じた時点で当事者間で協議する方が合理的であることが多いといえます。そこで、仮に、知的財産権に関する規定を設けるとしても、知的財産権が発生した場合に協議で決めることも考えられます。そこで【A案】では、知的財産権が生じた場合、当該知的財産にかかる知的財産権の取扱いについては当事者間の協議によることとしています。

3 　これに対し、【B案】では、知的財産権の取扱いについて発明者主義に従うものとし、共同発明等の場合は、貢献度に応じて共有としています。

4 　本モデル契約は、アセスメント段階では本件検討の結果を記載した簡易なレポート・報告書をベンダが作成してユーザに提供することを想定しています（4条2項）。当該レポートに著作物性が認められる場合、作成主体であるベンダに著作権が帰属することになります（著作権法15条1項）。当該レポートのユーザへの利用許諾や利用条件については、4条2項で定めています。

第7条（有効期間）

1 　本契約は、●年●月●日から、●か月間効力を有するものとす

る。ただし、第4条から第8条の規定は、当該期間の終了後も、有効に存続するものとする。

2　第2条及び第3条の規定は、本契約の締結日より●年間有効に存続するものとする。

解 説

本条は契約書の有効期間を定めた条項です。

2項は、秘密保持期間について定めたものです。なお、対象データとその他の秘密情報とで、秘密保持期間について異なる取扱いとすることも可能であり、その場合には、2項の末尾に、次の文言を追記することが考えられます。

2　……ただし、対象データに適用される範囲においては、本契約の締結日より●年間有効に存続するものとする。

第8条（管轄裁判所）

本契約に関する一切の紛争については、●●地方裁判所を第一審の専属的合意管轄裁判所として処理するものとする。

第9条（協議事項）

本契約の履行について疑義を生じた事項及び本契約に定めのない事項については、当事者間で協議し、円満に解決を図るものとする。

本契約締結の証として、本書2通を作成し、ユーザ、ベンダ記名

押印の上、各1通を保有する。

　　　　　年　　月　　日

　　ユーザ

　　ベンダ

【別紙】対象データの詳細

PoC 段階の 導入検証契約書 （モデル契約書）

導入検証契約書

●● （以下「ユーザ」という。）と●● （以下「ベンダ」という。）は、［検証対象となるベンダの AI 技術名］のユーザへの導入・適用に関する検証に関して、●年●月●日に、本契約を締結する。

第1条（目的）

本契約は、●●のユーザへの導入・適用に関する検証の遂行における、ユーザとベンダの権利・義務関係を定めることを目的とする。

第2条（定義）

① 本検証

ベンダの●●のユーザへの導入・適用に関する検証をいい、詳細は別紙に定める。

② 対象データ

本検証の対象となる、別紙記載のデータをいう。

③ 知的財産

発明、考案、意匠、著作物その他の人間の創造的活動により生み出されるもの（発見または解明がされた自然の法則または現象であって、

産業上の利用可能性があるものを含む。）、及び営業秘密その他の事業活動に有用な技術上または営業上の情報をいう。

④　知的財産権

特許権、実用新案権、意匠権、著作権その他の知的財産に関して法令により定められた権利（特許を受ける権利、実用新案登録を受ける権利、意匠登録を受ける権利を含む。）をいう。

⑤　ベンダ提供物

ベンダがユーザに提供する旨、別紙に記載する報告書その他の資料をいう。

解　説

1　　本条は、本モデル契約で使用する各用語の定義を定める条項です。「本検証」の具体的な内容や対象データについては、別紙を用いて特定するものとしています。

2　　本モデル契約においては「知的財産権」には、知的財産法により保護されるノウハウに関する権利を除き、ノウハウを含まないことを前提としています。これは、ノウハウにも様々なものがあり、事実状態に近いものもあることから、「権利」とはいえないものもあるためです。そこで、本条における「知的財産権」の定義として、知的財産基本法における「知的財産権」の定義を一部修正し、権利が発生するものに限定しています。

3　　「ベンダ提供物」は、本検証の成果物を意味し、具体的にはレポート等の資料を想定しています。仮に、パイロット版の「学習済みモデル」や「学習済みパラメータ」等を成果物とすることを想定している場合は、「ベンダ提供物」の定義に、これらを追記する必要があります。これらの定義については、本ソフトウェア開発モ

デル契約の定義（2条）を参照してください。

第3条（業務内容）

> 1　ユーザはベンダに対し、別紙に記載された本検証にかかる業務の提供を依頼し、ベンダはこれを引き受ける。
> 2　別紙に本契約の条項と異なる定めがある場合は、当該別紙の定めが優先する。

解説

1　本条は、ベンダが実施する具体的な業務内容を定めた条項です。

本モデル契約で想定している検証とは、一定のサンプルデータを用いた学習済みモデルの生成や精度向上作業を実施することによる開発可否や妥当性の検証をすることを意味しており、一定の成果物を完成させるもの（請負型）ではなく、検証のための業務の実施を目的としたもの（準委任型）です。

2　本モデル契約は、シンプルな内容とするため、業務の詳細等については、別紙に記載することを想定しています。また、PoC段階における業務内容は様々であることから、本モデル契約においては、別紙の内容や項目について、特に形式を定めず、自由度の高いものとしています。

第4条（委託料及びその支払時期・方法）

> 1　本検証の委託料は、別紙に定めるとおりとする。
> 2　ユーザはベンダに対し、別紙に定める委託料を、別紙で定めた時期及び方法により支払う。

解 説

1 　本条は、本モデル契約における業務の対価としての委託料の金額、支払時期及び支払方法を定める条項です。

2 　委託料については、固定金額とするほかに、人月単位または工数単位に基づく算定方法のみ規定し、毎月の委託料を算定する方法とすること等が考えられます。

3 　委託料の支払方法としては、①一定の時期に一括して支払う方式、②着手時及び業務完了時等に分割して支払う方式、③一定の業務時間に達するごとに当該業務時間分の対価を支払う方式など、様々な方式があります。なお、ベンダが中小企業の場合には下請法が適用される場合があり、委託料の支払時期等に規制がある点に留意する必要があります（第Ⅰ編第6章参照）。

第5条（検証期間）

> 本検証の期間（以下「検証期間」という。）は、別紙に定める期間とする。

解 説

　本条は、本検証の期間を定める条項です。なお、AI技術の導入可否が不明確な初期のPoC段階では、長期に渡る検証を長期間に渡って実施するのではなく、短期期間の検証を行い、必要であれば適宜延長するなどして、早期に開発の可否の目処をつけ、当事者間の紛争を予防することを狙いとしています。

第6条 （協力と各自の作業分担）

> 1　ユーザ及びベンダは、本検証遂行のため互いに協力しなければ
> ならない。
> 2　本検証に関するユーザ及びベンダの作業分担は、別紙に定める
> とおりとし、ユーザ及びベンダは、自己の作業分担について責任
> を負うものとする。

 解　説

　本条は、本検証の遂行に際しての双方の協力義務と役割分担を定める
条項です。具体的な作業分担は、別紙で定めるものとしています。

第7条 （ベンダの義務）

> 　ベンダは、情報処理技術に関する業界の一般的な専門知識に基づ
> き、善良なる管理者の注意をもって本検証を遂行する義務を負う。
> ベンダは、本検証について完成義務を負うものではなく、本検証に
> 基づく何らかの成果の達成や特定の結果等を保証するものではない。

 解　説

1　本条は、本検証を履行するに際してのベンダの法的義務及び本
　検証に基づく成果の達成や結果に対する非保証を定めた条項です。
2　本モデル契約の法的性質は準委任契約であることから、ベンダ
　が善管注意義務を負うことを確認しています。また、検証段階と
　いう性質に鑑み、ベンダが完成義務を負うものではないことも明
　確にしています。

第8条 （責任者の選任及び連絡協議会）

> 1　ユーザ及びベンダは、本検証を円滑に遂行するため、本契約締結後速やかに、本検証に関する責任者を選任し、それぞれ相手方に書面（電磁的方法を含む。以下同じ）で通知するものとする。また、責任者を変更した場合、速やかに相手方に書面で通知するものとする。
>
> 2　ユーザ及びベンダ間における本検証の遂行にかかる、要請、指示等の受理及び相手方への依頼等は、責任者を通じて行うものとする。
>
> 3　責任者は、本検証の円滑な遂行のため、進捗状況の把握、問題点の協議及び解決等必要事項を協議する連絡協議会を定期的に開催する。なお、開催頻度については、別紙に定めるとおりとするが、ユーザ及びベンダは、必要がある場合、理由を明らかにした上で、随時、連絡協議会の開催を相手方に求めることができるものとする。

 解 説

1　本条では、ユーザとベンダのやり取りをスムーズに行うために、双方の窓口となる責任者を任命することを定めています。進捗状況の報告等を定期的に行う会議を開催し、課題等について情報の共有を行うことを規定しています。なお、必要に応じて、緊急の会議を開催することも可能な条項となっています。

2　トラブル回避の観点から、本検証遂行の過程で当初の想定と異なる事態が生じた場合など、何らかの問題が生じた場合には、適宜、連絡協議会でその旨について両者で協議を実施し、相互の認識を共有することが重要です。

3　後の紛争予防の観点から連絡協議会の内容については、議事録
　を作成して、協議の内容を明確にしておくことが重要です。

4　本検証の進捗により、当初の想定と大幅な変更が生じて、契約
　条件(検証期間や委託料、業務内容等)を変更する必要が生じた場合は、
　10条の変更協議の規定に従って変更することになります。

第9条（再委託）

> 1　ベンダは、ユーザが書面によって事前に承認した場合、本検証
> の一部を第三者（以下「委託先」という。）に再委託することができる
> ものとする。なお、ユーザが上記の承諾を拒否するには、合理的
> な理由を要するものとする。
>
> 2　前項の定めに従い委託先に本検証の遂行を委託する場合、ベン
> ダは、本契約における自己の義務と同等の義務を、当該委託先に
> 課すものとする。
>
> 3　ベンダは、委託先による業務の遂行について、ユーザに帰責事
> 由がある場合を除き、自ら業務を遂行した場合と同様の責任を負
> うものとする。ただし、ユーザの指定した委託先による業務の遂
> 行については、ベンダに故意または重過失がある場合を除き、責
> 任を負わない。

  解　説

1　本条は、本検証の遂行に際しての再委託の可否及び再委託が行
　われた場合のベンダの責任内容について定める条項です。

2　再委託の可否については、再委託についてユーザの事前承諾を
　要するパターンと再委託先の選定について原則としてベンダの裁
　量により行えるパターンがあります。

3　従来のシステム開発契約においては、再委託についてはベンダの裁量で実施できるという条項が設けられることもありますが、AI技術の導入検証においては、ユーザは、ベンダの技術力に着目していることや、対象データの取扱いについてユーザのコントロールを及ぼすという観点から、本モデル契約においては再委託についてユーザの同意を取得することとしています。

第10条（契約内容の変更）

> 1　本検証の進捗状況等に応じて、検証事項が想定外に拡大した等の事情により、検証期間、委託料等の契約条件の変更が必要となった場合、ユーザまたはベンダは、その旨を記載した書面をもって相手方に申し入れるものとする。当該申し出があった場合、ユーザ及びベンダは、速やかに契約条件の変更の要否について協議するものとする。
> 2　前項の協議に基づき、本契約の内容の一部変更をする場合、ユーザ及びベンダは、当該変更内容が記載された別途書面により合意するものとする。

 解 説

　本条では、本検証に関して大幅な変更が生じたこと等により、検証期間や委託料等の契約条件の変更が必要となった場合における変更手続について取り決めています。

　なお、変更合意は書面によるものとしていますが（2項）、この書面には電子的なものも含まれているため（8条1項）、メールやPDFであっても書面として取り扱われることになります。

第11条（ベンダ提供物の提供及び業務終了の確認）

> 1　ベンダは、別紙に記載する期限までに、ユーザにベンダ提供物を提供する。
>
> 2　ユーザは、ベンダ提供物を受領した日から●日（以下「確認期間」という。）内に、ベンダ提供物の提供を受けたことを確認し、ベンダ所定の確認書に記名押印または署名の上、ベンダに交付するものとする。
>
> 3　前項の定めに従い、ユーザがベンダに確認書を交付した時に、ユーザの確認が完了したものとする。ただし、確認期間内に、ユーザから書面で具体的な理由を明示して異議を述べないときは、確認書の交付がなくとも、当該期間の満了時に確認が完了したものとする。

 解 説

　本条は、ベンダによるベンダ提供物の提供及びそれを受けてのユーザによる確認方法を定めた条項です。

【オプション条項：予約条項】

第●条（開発契約の締結に関する検討）

【A案】ユーザの努力義務を定めた規定

> 　ユーザ及びベンダは、本検証の結果、ユーザへの●●の導入により相当程度の効果が見込める場合、当該技術の開発段階への移行及び開発契約の締結に向けて、最大限努力するものとする。

【B案】ベンダの予約完結権を定めた規定

> ユーザ及びベンダは、本検証の結果、［別紙記載の／別途合意する］基準を満たす場合、別紙記載の内容を有するソフトウェア開発契約を締結するものとする。

解　説

1   PoC段階は、開発契約移行のための実証段階という性質を持っているため、PoC段階での検証において開発段階に移行できる目途がつくような場合には、双方が、開発契約に向けて努力する条項を設けることや、ソフトウェア開発契約を予約する条項を設けることも考えられます。

2   【A案】は、開発契約へ移行することについての努力義務についての条項案です。

【B案】は、開発契約の予約契約についての条項案です。【B案】では、別紙として、開発契約を添付することを想定しています。もっとも、本契約に別紙として添付されるソフトウェア開発契約は、必ずしも全ての条項が合意され、完成している必要はなく、合意できていない事項があれば、●などを記載して空欄にしておくことも考えられます。また、ソフトウェア開発契約の予約権の行使の基準については、ケース・バイ・ケースですが、例えば、KPIの達成を基準とすることが考えられます。

第12条（ユーザがベンダに提供するデータ・資料等）

> 1   ユーザは、ベンダに対し、別紙に記載する対象データを提供す

るものとする。

2　ユーザは、ベンダに対し、本検証に合理的に必要なものとしてベンダが要求し、ユーザが合意した資料、機器、設備等（以下「資料等」という。）の提供、開示、貸与等（以下「提供等」という。）を行うものとする。

3　ユーザは、ベンダに対し、対象データ及び資料等（以下、総称して「ユーザ提供データ等」という。）をベンダに提供等することについて、正当な権限があること及びかかる提供等が法令に違反するものではないことを保証する。

4　ユーザは、ユーザ提供データ等の正確性、完全性、有効性、有用性、安全性等について［保証しない／確保するように努める］。ただし、本契約に別段の定めがある場合はその限りでない。

5　ユーザがベンダに対し提供等を行ったユーザ提供データ等の内容に誤りがあった場合、またはかかる提供等を遅延した場合、これらの誤りまたは遅延によって生じた本検証の遅延、ベンダ提供物の瑕疵（法律上の瑕疵を含む。）等の結果について、ベンダは責任を負わない。

6　ベンダは、ユーザ提供データ等の正確性、完全性、有効性、有用性、安全性等について、確認、検証の義務その他の責任を負うものではない。

 解 説

1　本条は、本検証に際して、ユーザがベンダにデータ及び資料等を提供すること、及び提供された対象データや資料等に起因する責任について取り決めた条項です。

2　AI 技術の導入検証では、通常、ユーザのデータを用いて検証を

行うことになるため、ユーザからベンダにデータやその他必要な資料の提供が行われることが一般的です。

そのため、1項及び2項でデータや資料の提供について定めています。必要となるデータや資料に変更や追加が生じた場合は、8条3項の連絡協議会等において両者間で協議・合意の上、適宜、追加等を行うことも可能です。

なお、当該データ等の開示権限の有無・適法性については、ユーザ自身が把握できることから、3項においてユーザによるデータ等の表明保証を行うことにしています。

3   1項において、ユーザがベンダに対して提供することを合意した対象データについて、その量や質が不十分であったために、本検証の遅延やベンダ提供物に瑕疵等が生じた場合には、合意した対象データが検証に必要な時期に提出されていないといえるため、対象データの提供を遅延したものとして、5項が適用されることとなり、それによる結果についてベンダは責任を負わないことになります。他方、対象データ以外のデータの取扱いは、当事者の協議に委ねられています。

4   2項については、ベンダがユーザに対して資料やデータの提示を請求できることを盛り込むことも考えられます。その場合の条項としては、例えば、「ベンダは、ユーザに対し、ユーザが保有する本検証の遂行に必要な文書、図面、ソフトウェア、データその他の資料（記録された媒体の種類を問わず、電磁的記録を含む。）の開示または提供を請求することができる。」が考えられます。

5   4項については、原則として保証しない旨の規定のほかに、本ソフトウェア開発モデル契約12条4項の解説に記載しているような努力義務や「知る限り」といった限定を付した規定を設けることも考えられます。

第13条（対象データの管理）

1　ベンダは、対象データを、善良な管理者の注意をもって［秘密として］管理、保管するものとし、ユーザの事前の書面による承諾を得ずに、第三者（本契約第9条に基づく委託先を除く。）に開示、提供または漏えいしてはならないものとする。

2　ベンダは、対象データについて、事前にユーザから書面による承諾を得ずに、本検証の遂行の目的以外の目的で使用、複製及び改変してはならず、本検証遂行の目的に合理的に必要となる範囲でのみ、使用、複製及び改変できるものとする。

3　ベンダは、対象データを、本検証の遂行のために知る必要のある自己の役員及び従業員に限り開示するものとし、この場合、本条に基づきベンダが負担する義務と同等の義務を、開示を受けた当該役員及び従業員に退職後も含め課すものとする。

4　ベンダは、対象データのうち、法令の定めに基づき開示すべき情報を、可能な限り事前にユーザに通知した上で、当該法令の定めに基づく開示先に対し開示することができるものとする。

5　本検証が完了し、もしくは本契約が終了した場合またはユーザの指示があった場合、ベンダは、ユーザの指示に従って、対象データ（複製物及び改変物を含む。）が記録された媒体を破棄もしくはユーザに返還し、また、ベンダが管理する一切の電磁的記録媒体から削除するものとする。なお、ユーザはベンダに対し、対象データの破棄または削除について、証明する文書の提出を求めることができる。

6　ベンダは、本契約に別段の定めがある場合を除き、対象データの提供等により、ユーザの知的財産権を譲渡、移転、利用許諾するものでないことを確認する。

7　本条の規定は、前項を除き、本契約が終了した日より●年間有

効に存続するものとする。

解説

1　本条は、本検証のためにユーザからベンダに提供された対象データに関する扱いを定める条項です。

2　本検証のためにユーザからベンダに提供された対象データについては、一般的な秘密情報とは異なる別途の考慮が必要となる場合が多いと考えられるため、一般的な秘密情報に関する規定（14条）と異なる規定を本条で設けています。例えば、対象データについては、14条2項の例外規定を適用することが適切でない場合も多いと考えられます。

3　本条1項では、第三者開示が禁止されていますが、営業秘密として保護することを明確にする趣旨で、「秘密として管理」するという文言を加えることも考えられます。もっとも、その場合、限定提供データの要件を満たさないと解される恐れがあるため、対象データを営業秘密として保護するのか、限定提供データとして保護するのか、ということを決めておくことが必要となります。なお、限定提供データとして保護するためには、限定提供性の要件を満たす必要があるため、提供先から第三者に再提供することについて、制約を課す必要があります（第Ⅰ編第4章第2節3(2)参照）。

4　本条の対象は「ユーザ提供データ等」ではなく「対象データ」のみであり、対象データに含まれない「資料等」（12条2項）については、秘密情報の取扱いを定める14条での保護対象となります。

5　本モデル契約が想定するPoC段階では、検証目的で一定のサンプルデータを受領する場合を前提としているため、本ソフトウェア開発モデル契約と異なり、データの目的外利用を認める規定は

設けていません。もっとも、データの本検証の遂行の目的以外での利用を否定するものではなく、必要があれば、別紙に定める等の方法により（本ソフトウェア開発モデル契約13条2項ただし書参照）、データの本検証の遂行の目的以外で利用できることを明確に規定することも考えられます。

6 　対象データが特に機密性の高いデータであり、より高度な管理を必要とする場合は、具体的な管理方法について両者間で合意した内容を別紙に追記し、当該追記箇所を参照する方法も考えられます。

7 　本条は、存続条項があるため（23条）、本契約の終了後も効力を有します。もっとも、7項の規定により、効力を有する期間は●年間となります。ただし、7項に、「前項を除き」と規定されていることから、6項の規定については、原則に戻って、期間の定めなく効力を有することになります。

8 　導入検証契約とソフトウェア開発契約における「資料等」「ユーザ提供データ等」「対象データ」「秘密情報」の関係を整理したのが、**図表Ⅱ-2-1**です。

【図表Ⅱ-2-1】 ユーザ提供データ条項と秘密保持条項の関係

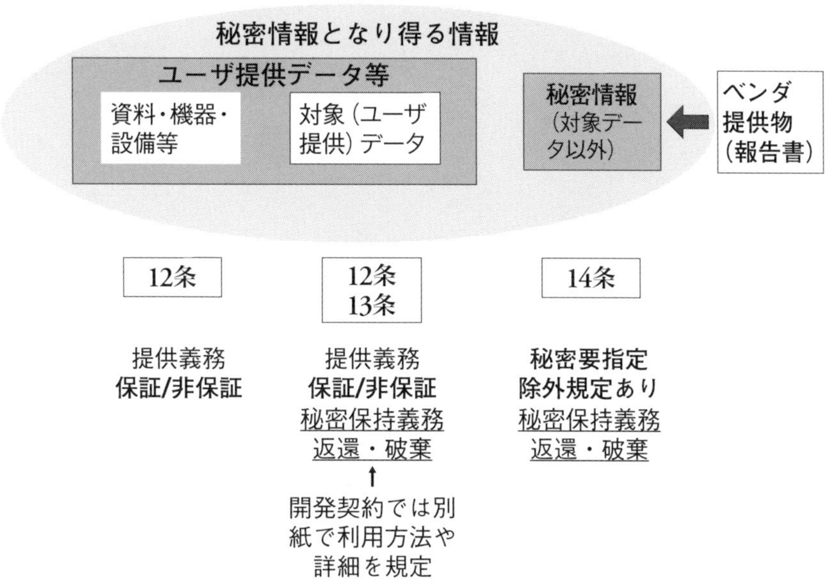

第14条（秘密情報の取扱い）

> 1　ユーザ及びベンダは、本検証遂行のため、相手方より提供を受けた技術上または営業上その他業務上の情報（ただし、対象データを除く。）のうち、次のいずれかに該当する情報（以下「秘密情報」という。）を秘密として保持し、秘密情報の開示者の事前の書面による承諾を得ずに、第三者（本契約第9条に基づく委託先を除く。）に開示、提供または漏えいしてはならないものとする。
>
> ①　開示者が書面により秘密である旨指定して開示した情報
>
> ②　開示者が口頭により秘密である旨を示して開示した情報で開示後●日以内に書面により内容を特定した情報。なお、口頭により秘密である旨を示した開示した日から●日が経過する日または開示者が秘密情報として取り扱わない旨を書面で通知した

日のいずれか早い日までは当該情報を秘密情報として取り扱う。

　［③　ベンダ提供物］

2　前項の定めにかかわらず、次の各号のいずれか一つに該当する情報については、秘密情報に該当しない。

　①　開示者から開示された時点ですでに公知となっていたもの

　②　開示者から開示された後で、受領者の帰責事由によらずに公知となったもの

　③　正当な権限を有する第三者から秘密保持義務を負わずに適法に開示されたもの

　④　開示者から開示された時点で、すでに適法に保有していたもの

　⑤　開示者から開示された情報を使用することなく独自に開発したもの

3　秘密情報の取扱いについては、前条第2項から第6項の規定を準用する。この場合、同条項中の「対象データ」は「秘密情報」と、「ベンダ」は「秘密情報の受領者」と、「ユーザ」は「開示者」と読み替えるものとする。

4　本条の規定は、本契約が終了した日より●年間有効に存続するものとする。

 解 説

1　本条は、相手から提供を受けた秘密情報の取扱いに関する条項です。

2　ユーザからベンダに提供された対象データの秘密保持等の管理については、前条で規定しているため、1項において秘密情報の対象から除外しています。

3 ベンダ提供物について、秘密情報とする場合には、1項①②の規定に従って秘密として指定することも考えられますが、端的に1項において明示的に秘密情報であることを規定することも考えられます。

4 3項において13条の対象データの取扱いの規定を準用しています。もっとも、存続期間については、対象データと秘密情報の存続期間が異なることを想定して準用していません。対象データと秘密情報の存続期間を同一期間とする場合には、13条をそのまま準用することも可能です。

第15条（個人情報の取扱い）

> 1　ユーザは、本検証遂行に際して、個人情報の保護に関する法律（本条において、以下「法」という。）に定める個人情報または匿名加工情報（以下、総称して「個人情報等」という。）を含んだデータをベンダに提供する場合には、事前にその旨を明示する。
>
> 2　本検証遂行に際してユーザが個人情報等を含んだデータをベンダに提供する場合には、ユーザはベンダに対し、法に定められている手続を履践していることを保証するものとする。
>
> 3　ベンダは、第1項に従って個人情報等が提供される場合には、法を遵守し、個人情報等の管理に必要な措置を講ずるものとする。

 解　説

　本条は、ユーザがベンダに提供する対象データに個人情報や匿名加工情報が含まれている場合に関する条項です。

第16条（ベンダ提供物等の著作権）

1　ベンダ提供物及び本検証遂行に伴い生じた知的財産に関する著作権（著作権法27条及び28条の権利を含む。）は、ユーザまたは第三者が従前から保有しているものを除き、ベンダに帰属するものとする。

2　ベンダは、ユーザに対し、ユーザが本検証の結果について検討するために必要な範囲に限って、ユーザ自身がベンダ提供物を使用、複製及び改変することを許諾するものとする。ユーザは、かかる許諾範囲を超えてベンダ提供物を利用しないものとし、またベンダ提供物を第三者に開示または提供してはならないものとする。

3　ユーザによるベンダ提供物の使用、複製及び改変、ならびに当該複製等により作成された複製物等の使用は、ユーザの負担と責任により行われるものとする。ベンダはユーザに対して、本契約で別段の定めがある場合または自らの責に帰すべき事由がある場合を除いて、ユーザによるベンダ提供物の使用等によりユーザに生じた損害を賠償する責任を負わない。

4　ベンダは、ユーザに対し、本契約に従ったベンダ提供物の利用について、著作者人格権を行使しないものとする。

【オプション条項：フィードバック規定】

5　本検証遂行の過程で、ユーザがベンダに対し、本検証に関して何らかの提案や助言を行った場合、ベンダはそれを無償で、ベンダの今後のサービスの改善のために利用することができるものとする。

解 説

1　本条では、ベンダ提供物であるレポート等の著作権の取扱い及び利用条件について取り決めています。ベンダ提供物であるレポートや、その他本検証の過程で生じる知的財産権の取扱いについては、ユーザ、ベンダ間で争いが生じることがあるため、契約において規定を設けておくことが重要です。本モデル契約では、16条で著作権について、17条で特許権等、著作権以外の知的財産権について、規定を設けています。

2　本モデル契約が想定する PoC 段階は、サンプルデータを用いた検証段階であり、成果物としてユーザに提供されるのは、検証結果について記載したレポート（内容は様々であるが、例えば、検証時に用いた分析手法や、データ処理の手法、検証のために試作したモデルの精度等について記載されることが想定される。）を想定しています。すなわち、ここでは、大量のデータを用いた相応の精度を期待できる学習済みモデルの生成や提供は想定していません。

　検証段階において、ユーザとしては、レポートを利用できれば、AI ソフトウェアの導入可否の検討を行うという目的を達成できると考えられます。また、ケース・バイ・ケースであるものの、ユーザが合理的な理由なくベンダを乗り換えたにもかかわらず、全く自由にベンダ提供物を利用できるとすることは、一般的には公平ではないと考えられることから、本モデル契約においては、ベンダ提供物や本検証の過程で生じた知的財産の著作権について、作成主体であるベンダに帰属するものとしています。

　もっとも、著作権の帰属について、例えば、ユーザとベンダの共有とするなど、本モデル契約と異なる定めとすることも考えられます。その場合は、本ソフトウェア開発モデル契約16条が参考

になります。

3　PoC 段階でパイロットテストを行い、開発段階と同等のデータを用いて学習済みモデルを生成するものである場合（実質的な開発初期段階）には、生成される学習済みモデルの権利帰属や利用条件について、取り決める必要性が高くなります。この場合の取決めについては、本ソフトウェア開発モデル契約の16条〜18条が参考になります。ただし、パイロットテスト段階においては、あくまで本格的な開発の前段階であるという性質上、ユーザによる利用については一定範囲（例えば検証目的での利用）に限られるのが通常と考えられます。

4　オプション条項として、本検証の過程でユーザから得た、本検証に関する提案や助言（フィードバック）の利用について規定することも考えられます（5項）。

第17条（特許権等）

【A案】共同発明等にかかる特許権等の権利帰属を協議の上定める場合

> 1　本検証遂行の過程で生じた発明その他の知的財産（以下、あわせて「発明等」という。）にかかる特許権その他の知的財産権（ただし、著作権は除く。）（以下、特許権その他の知的財産権を総称して「特許権等」という。）は、当該発明等を創出した者が属する当事者に帰属するものとする。
>
> 2　ユーザ及びベンダが共同で行った発明等にかかる特許権等の、権利帰属その他の取扱いについては、両者間で協議の上決定するものとする。
>
> 3　ユーザ及びベンダは、前項に基づき相手方と共有する特許権等について、必要となる職務発明の取得手続（職務発明規定の整備等の職務発明制度の適切な運用、譲渡手続等）を履践するものとする。

【B案】共同発明等にかかる特許権等の権利帰属を共有とする場合

> 1　本検証遂行の過程で生じた発明その他の知的財産（以下、あわせて「発明等」という。）にかかる特許権その他の知的財産権（ただし、著作権は除く。）（以下、特許権その他の知的財産権を総称して「特許権等」という。）は、当該発明等を創出した者が属する当事者に帰属するものとする。
>
> 2　ユーザ及びベンダが共同で行った発明等にかかる特許権等については、ユーザ及びベンダの共有（持分は貢献度に応じて定める。）とする。この場合、ユーザ及びベンダは、共有にかかる特許権等につき、それぞれ相手方の同意なしに、かつ、相手方に対する対価の支払いの義務を負うことなく、自ら実施することができるものとする。
>
> 3　ユーザ及びベンダは、前項に基づき相手方と共有する特許権等について、必要となる職務発明の取得手続（職務発明規定の整備等の職務発明制度の適切な運用、譲渡手続等）を履践するものとする。

 解　説

1　本条は、本検証遂行の過程で生じた特許権等（著作権を除く知的財産権）の権利帰属について定める条項です。

2　本検証遂行の過程で、仮に著作権以外の知的財産権の対象となるもの（例えば、発明等）が生じた場合における、その特許権等の帰属について、発明者主義を採用しています。また、共同発明等の場合は、2項において、【A案】では両者間で協議により定める規定を、【B案】では貢献度に応じて共有とする規定を提示しています。もっとも、特許権等の権利帰属について別の定めをすることを否定するものではありません。

3　2項において【B案】を採用して特許権等を共有とする場合、第三者への実施許諾の条件は、事案によりケース・バイ・ケースと思われるため、自己実施についてのみ対価の支払義務なく利用できるとしています。そのため、第三者への実施許諾については、法律上の原則どおり、他の共有者の同意が必要となります（特許法73条3項）。なお、第三者への実施許諾を対価の支払義務なく利用できる条項については、本ソフトウェア開発モデル契約16条【C案】2項の解説を参考にしてください。

4　本モデル契約では、「知的財産権」の定義に、知的財産権により保護されるノウハウに関する権利を除き、ノウハウは含まないことを前提としています（2条）。

　ただし、営業秘密等のユーザのノウハウは、13条及び14条に規定される「対象データ」または「秘密情報」としてベンダに提供されることが想定されます。その場合には、本条でノウハウを対象としなくても、ベンダはこれらの情報（ユーザのノウハウ）について、13条及び14条に基づき秘密保持義務等を負い、自由に利用できないと考えられます。

5　もっとも、本条項はあくまで一例であり、特許権等及びノウハウについて、詳細な利用条件を取り決めることも考えられます。その場合、①ノウハウには明確な定義がないため具体的な内容について取り決めることが必要となること、②技術力やコストの負担などの寄与度等を考慮した上で取り決めることが望ましいといえます。また、利用条件の定めについては、本ソフトウェア開発モデル契約の18条【A案】が参考になります。

第18条（知的財産権侵害の非保証）

> ベンダはユーザに対して、ベンダ提供物の利用が第三者の知的財産権を侵害しない旨の保証を行わない。

解 説

　本条は、ベンダ提供物の利用について、第三者の知的財産権を侵害した場合の規定です。本条では、ベンダは、ベンダ提供物の利用に関して、第三者の知的財産権非侵害を保証しない、としています。

　これは、本モデル契約におけるベンダ提供物はレポートを想定しており、かつ用途は自己使用に限定され、業務利用は行わないことから、知的財産権非侵害保証によるユーザのメリットが小さいことを考慮したものです。もっとも、本ソフトウェア開発モデル契約21条【A案】と同様に、ベンダが知的財産権について非侵害を保証することも考えられます。この点は、ベンダ提供物の内容や費用負担等を考慮の上取り決めるものといえます。

第19条（損害賠償等）

> 1　ユーザ及びベンダは、本契約の履行に関し、相手方の責めに帰すべき事由により損害を被った場合、相手方に対し、損害賠償（ただし直接かつ現実に生じた通常の損害に限る。）を請求することができる。ただし、この請求は、業務の終了確認日から●か月間が経過した後は行うことができない。
> 2　ベンダがユーザに対して負担する損害賠償は、債務不履行、法律上の瑕疵担保責任、知的財産権の侵害、不当利得、不法行為その他請求原因の如何にかかわらず、本契約の委託料を限度とする。

3　前項は、損害が損害賠償義務者の故意または重大な過失に基づ
　　くものである場合には適用しないものとする。

<blockquote>解　説</blockquote>

1　　本条は、本契約の履行に関しての損害賠償責任について規定し
てます。損害賠償責任の範囲・金額・請求期間についてどのよう
に定めるかについては、本検証の内容やコストの負担、委託料の
額等を考慮してユーザ・ベンダの合意により決めるものですが、
本モデル契約では、モデル契約2007と同様の規定を設けています。

2　　1項において、損害賠償責任は、相手方に故意・過失がある場合
に負うものとし、賠償の範囲を、直接かつ現実に生じた通常の損
害に限定しています。

3　　2項において、請求原因にかかわらず、損害の上限は委託料を限
度とすることを定めています。

4　　もっとも、故意・重過失の場合には、上限規定は適用されない
ものとしています（3項）。損害発生の原因が故意による場合には、
判例では免責・責任制限に関する条項は無効になるものと考えら
れており、また、故意に準ずる重過失の場合にも同様に無効とす
るのが有力な考え方です。

第20条（権利義務の譲渡の禁止）

　　ユーザ及びベンダは、互いに相手方の事前の書面による同意なく
して、本契約上の地位を第三者に承継させ、または本契約から生じ
る権利義務の全部もしくは一部を第三者に譲渡し、引き受けさせも
しくは担保に供してはならない。

第21条（解除）

1 ユーザまたはベンダは、相手方に次の各号のいずれかに該当する事由が生じた場合には、何らの催告なしに直ちに本契約の全部または一部を解除することができる。
① 重大な過失または背信行為があった場合
② 支払いの停止があった場合、または仮差押、差押、競売、破産手続開始、民事再生手続開始、会社更生手続開始、特別清算開始の申立てがあった場合
③ 手形交換所の取引停止処分を受けた場合
④ 公租公課の滞納処分を受けた場合
⑤ その他前各号に準ずるような本契約を継続し難い重大な事由が発生した場合
2 ユーザまたはベンダは、相手方が本契約のいずれかの条項に違反し、相当期間を定めてなした催告後も、相手方の債務不履行が是正されない場合は、本契約の全部または一部を解除することができる。
3 ユーザまたはベンダは、第1項各号のいずれかに該当する場合または前項に定める解除がなされた場合、相手方に対し負担する一切の金銭債務につき相手方から通知催告がなくとも当然に期限の利益を喪失し、直ちに弁済しなければならない。

第22条（有効期間）

本契約は、本契約の締結日から第4条の委託料の支払い及び第11条に定める確認が完了する日のいずれか遅い日まで効力を有するものとする。

第23条（存続条項）

本契約第7条（ベンダの義務）、第12条（ユーザがベンダに提供するデータ・資料等）第3項から第6項、第13条（対象データの管理）から第19条（損害賠償等）、本条及び第24条（管轄裁判所）は、本契約終了後も有効に存続するものとする。

第24条（管轄裁判所）

本契約に関する一切の紛争については、●●地方裁判所を第一審の専属的合意管轄裁判所として処理するものとする。

第25条（協議）

本契約に定めのない事項または疑義が生じた事項については、信義誠実の原則に従いユーザ及びベンダが協議し、円満な解決を図る努力をするものとする。

本契約締結の証として、本書2通を作成し、ユーザ、ベンダ記名押印の上、各1通を保有する。

　　　　　　年　　　月　　　日

ユーザ

ベンダ

【別紙】

1　本検証の目的

2　対象データの詳細（データ提供者、データの概要、データの項目、量、提供形式等）

3　作業体制

4　作業内容及び役割分担

5　連絡協議会の開催予定頻度、場所

6　検証期間

7　委託料及びその支払方法

8　ベンダ提供物の内容及び提供期限

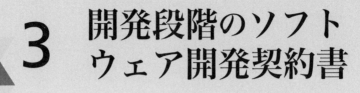

3 開発段階のソフトウェア開発契約書

ソフトウェア開発契約書

●●（以下「ユーザ」という。）と●●（以下「ベンダ」という。）は、コンピュータソフトウェアの開発に関して、●年●月●日に、本契約を締結する。

第1条（目的）

> 本契約は、別紙「業務内容の詳細」記載の「開発対象」とされているコンピュータソフトウェアの開発（以下「本開発」という。）のための、ユーザとベンダの権利・義務関係を定めることを目的とする。

 解 説

本条は、本契約の目的を定めた条項です。本契約の目的は、本契約において当事者が目指していることについての共通認識を確認する観点から重要であるだけではなく、どのような目的を設定するかによって、成果物、データ、秘密情報の利用の範囲が決まることもあるため重要です。例えば、本契約の目的を広く定めた場合には、成果物、データ、秘密情報の目的内利用の範囲が広くなり、狭く定めた場合には、逆の結果となります。

第2条（定義）

① データ

電磁的記録（電子的方式、磁気的方式その他の方法で作成される記録であっ
て、電子計算機による情報処理の用に供されるものをいう。）をいう。

② 学習用データセット

学習のために整形または加工したデータをいう。データを本開
発のために整形または加工したデータを「本学習用データセット」
という。

③ 学習用プログラム

学習用データセットを利用して、学習済みモデルを生成するた
めのプログラムをいう。本学習済みモデルを生成するための学習
用プログラムを「本学習用プログラム」という。

④ 学習済みパラメータ

学習用プログラムに学習用データセットを入力した結果生成さ
れたパラメータ（係数）をいう。本学習済みモデルに組み込まれた
学習済みパラメータを「本学習済みパラメータ」という。

⑤ 学習済みモデル

特定の機能を実現するために学習済みパラメータを組み込んだ
プログラムをいう。本開発の対象となる学習済みモデルを「本学
習済みモデル」という。

⑥ 再利用モデル

学習済みモデルを利用して生成された新たな学習済みモデルを
いう。本学習済みモデルを利用して生成された新たな学習済みモ
デルを「本再利用モデル」という。

⑦ 知的財産

発明、考案、意匠、著作物その他の人間の創造的活動により生
み出されるもの（発見または解明がされた自然の法則または現象であって、

産業上の利用可能性があるものを含む。）及び営業秘密その他の事業活動に有用な技術上または営業上の情報をいう。

⑧ 知的財産権

特許権、実用新案権、意匠権、著作権その他の知的財産に関して法令により定められた権利（特許を受ける権利、実用新案登録を受ける権利、意匠登録を受ける権利を含む。）をいう。

⑨ 本成果物

［本学習済みモデルのことをいう。］

［別紙「業務内容の詳細」の「ベンダがユーザの委託に基づき開発支援を行う成果物の明細」に記載された成果物をいう。］

⑩ 本成果物等

本成果物及び本開発遂行に伴い生じた知的財産をいう。

 解 説

1　本条の定義規定では、学習済みモデルを「特定の機能を実現するために学習済みパラメータを組み込んだプログラム」と定義していますが、「学習済みモデル」という言葉はAI契約ガイドラインでも述べているように、利用する者によって、「学習用データセット」「学習用プログラム」「推論プログラム」「学習済みパラメータ」「その他派生的な成果物」を含んだ概念として多義的に用いられる場合があります。

そこで、「学習済みモデル」が具体的にどのような意味で使用されているのか、具体的にどこまでの範囲（成果物）が学習済みモデルを意味するのかは、各種論点（権利の帰属や責任の分配等）を論じる上でも重要であるため、明確に定めておくことが望ましいといえます。

2　本モデル契約において、「知的財産権」には、知的財産権により保護されるノウハウに関する権利を除き、ノウハウを含まないことを前提としているため、知的財産基本法における 「知的財産権」の定義を一部修正しています。

3　学習用データセットの「加工」には、データセットに対する教師データの付与（アノテーション）も含むものと整理しています。例えば、ユーザが元データに対するアノテーションを行って「教師データ」を作成し、それに対してベンダが学習に適したデータに加工する場合には、「教師データ」と「学習用データセット」の権利関係を分けて考えたいということもあります。そのような場合には、別途、「本教師データ」を定義することも考えられます。

4　「本成果物」については、「本学習済みモデル」と定めることや、別紙「業務内容の詳細」の「ベンダがユーザの委託に基づき開発支援を行う成果物の明細」に記載することで特定することが考えられます。本モデル契約では双方の案を示しています。

　別紙「業務内容の詳細」では、本成果物として、①本学習済みモデル、②本学習用プログラム、③本学習用データセットを選択して指定できるようになっています。もっとも、これらは典型的なものとして例示しているにすぎず、成果物はこれらに限られません。例えば、「教師データ」を追加することなどが考えられます。なお、本成果物については、11条によりユーザに対する提供義務がある点に留意が必要です。例えば、本学習用データセットを本成果物と指定した場合には、11条に修正を加えない限り、ベンダはユーザに本学習用データセットを提供する義務を負うことになります。

【経産省モデル契約からの変更点】

1　本成果物の典型例として、学習済みモデルがあるため、選択肢の一つとして、学習済みモデルを本成果物と定義する条項を示しました。

2　経産省モデル契約では16条に規定されていた「本成果物等」の定義規定を本条に移しました。

3　「本成果物等」とは、本成果物に加えて、本開発遂行に伴い生じた中間生成物である知的財産を含む概念です。何が本成果物であり、何が中間生成物かについては、本成果物をどのように規定するかによって変わってきます。例えば、9号において「本成果物」を学習済みモデルのみと定めれば、学習用プログラム、学習用データセット等が中間生成物と整理されることとなります。また、「本成果物」を学習済みモデル及び学習用プログラムと定めれば、学習用データセット等が中間生成物となると考えられます。

4　本成果物については、11条によりユーザに対する提供義務がありますが、本モデル契約のデフォルトでは、中間生成物についてはこのような提供義務が定められていない点に留意が必要です。したがって、9号で本成果物を定義するにあたっては、本開発の対象か否かという観点だけではなく、ユーザが提供義務を負うことになるか否か、11条に修正を加える必要があるか否かの観点も必要となります。

本モデル契約における本成果物と中間生成物（本開発遂行に伴い生じた知的財産）との関係を図示すると**図表Ⅱ-2-2**のようになります。

【図表Ⅱ-2-2】本成果物と中間生成物との関係

	本開発の対象	ベンダの提供義務（11条）	利用条件の定め（16条）	知的財産権の帰属の定め（16〜18条）
本成果物	対象	あり	あり	あり
中間生成物	副次物	なし	あり	あり

第3条（業務内容）

> ユーザはベンダに対し、別紙「業務内容の詳細」の「具体的作業内容」に記載された業務（ただし、ユーザの担当業務を除く。以下「本業務」という。）の提供を依頼し、ベンダはこれを引き受ける。

 解説

1　本条項は、本モデル契約が対象とする業務内容を定める条項です。本業務は、本開発のために必要な業務のうち、ベンダが提供する業務のことを指します。

2　本モデル契約の業務内容としては、一定の成果物を完成させる（請負型）のではなく、特定の学習済みモデルの生成業務を行う（準委任型）ものとしています。本業務の具体的な業務内容については、別紙で明示するものとされています。

第4条（委託料及びその支払時期・方法）

> 1　本業務の対価は別紙「業務内容の詳細」の「委託料」で定めた金額とする。
> 2　ユーザはベンダに対し、本業務の対価を、別紙「業務内容の詳細」の「委託料の支払時期・方法」で定めた時期及び方法により支払う。

 解説

1　本条は、本業務の対価としての委託料の金額、支払時期及び支払方法を定める条項です。

2 　準委任型の契約類型における委託料の支払条件については、様々なパターンが想定されますが、大きく分けると、一定の成果に対して報酬を支払う成果完成型と場合と、ベンダが提供した役務に応じて報酬を支払う履行割合型とする場合の2つの類型が考えられます。

　成果完成型の場合には、例えば、一定の成果に対して、固定金額を支払うアレンジをすることが考えられます。他方、履行割合型の場合には、人月単位または工数単位に基づく算定方法のみ規定し、毎月の委託料を算定する方法とすること等が考えられます。

3 　委託料の支払方法としては、成果完成型については、一定の時期に一括して支払う方式、着手時及び業務完了時等に分割して支払う方式が考えられます。履行割合型では、上記に加えて、一定の業務時間に達するごとに当該業務時間分の対価を支払う方式も考えられます。なお、これらはあくまでも一例にすぎず、ユーザ及びベンダが置かれた状況に照らして様々な方式があり得ます。

4 　また、ユーザが、ベンダが開発前から保有していたり、開発後にベンダに知的財産権が帰属する学習済みモデル等を利用する場合には、委託料とは別途に、その利用についてのライセンス料の支払いを定めることも考えられます。

5 　なお、ベンダが中小企業の場合には、下請法が適用される場合があり、委託料の支払時期等に規制がある点に留意する必要があります。

第5条 （作業期間）

　本開発の作業期間は、別紙「業務内容の詳細」の「作業期間」に定めたとおりとする。

第6条（協力と各自の作業分担）

> 1　ユーザ及びベンダは、本契約の履行においてはお互いに協力しなければならない。
>
> 2　ユーザとベンダの作業分担は、別紙「業務内容の詳細」の「作業体制」及び「具体的作業内容」においてその詳細を定める。

 解 説

1　本条は、契約の履行に際してのユーザ・ベンダ各自の協力義務と役割分担を定める条項です。

2　AI 技術を利用したソフトウェアの開発においては、ユーザによるデータやノウハウの提供が開発の成否を決めることもあることや、本モデル契約ではベンダが成果物の完成義務を負っていないことから、ベンダの業務内容を明確にする必要性があり、また、ユーザ・ベンダの役割分担を明確にする観点から、それぞれの遂行すべき具体的な作業内容を定めることが望ましいといえます。

3　別紙「業務内容の詳細」の「作業体制」の項目及び「具体的作業内容」の項目は、定めることができるのであれば定めた方が良いとはいえますが、あくまで例示です。開発規模によっては「具体的作業内容」のみ定めれば足りる場合もあり得ます。

第7条（ベンダの義務）

> 1　ベンダは、情報処理技術に関する業界の一般的な専門知識に基づき、善良な管理者の注意をもって、本業務を行う義務を負う。
>
> 2　ベンダは、本成果物について完成義務を負わず、本成果物がユー

ザの業務課題の解決、業績の改善・向上その他の成果や特定の結
果等を保証しない。

 解 説

1 　本条は、本業務を履行するに際してのベンダの法的義務、及び
本成果物の完成義務や性能の非保証を定める条項です。

2 　準委任型の契約類型においては、受任者は、委任事務の遂行に
ついて、善管注意義務を負うものとされているため、本モデル契
約では、1項において、ベンダが善管注意義務を負うことを確認し
ています。

3 　準委任型の契約類型においては、請負契約と異なり、受任者は、
成果物について完成義務を負わないとされています。そのため、2
項では、ベンダが完成義務を負わないことを明確にしています。
このことは、成果完成型であっても、履行割合型であっても変わ
りはありません。

4 　もっとも、成果完成型の場合には、準委任事務の履行により得
られる成果に対して報酬を支払う旨の合意がされていることから、
成果が完成しないと報酬が支払われないため、実質的には成果物
の完成が必要になる場合が少なくないと考えられます。
　また、成果完成型の場合は、いかなる場合に成果物が完成した
かについて指標を定める必要があります。本モデル契約では PoC
段階で実現の有無を検証するプロセスを経ていることが前提とさ
れているため、成果物の完成指標を定めることは不可能ではない
と考えられます。成果物の完成指標すら定められないような場合
には、そもそも開発段階に進まないことも考えられます。

5　ユーザの課題解決は、ユーザの事業や社内の既存ルール・制約や組織と深く関連し、ユーザの意思決定の下に行われることや、ベンダのコントロール下にない未知の入力（データ）に対する学習済みモデル等の挙動について、ベンダが性能保証をすることは性質上、困難であることを踏まえて、ベンダが性能保証をしないという2項を設けています。

第8条（責任者の選任及び連絡協議会）

1　ユーザ及びベンダは、本開発を円滑に遂行するため、本契約締結後速やかに、本開発に関する責任者を選任し、それぞれ相手方に書面（電磁的方法を含む。以下同じ）で通知するものとする。また、責任者を変更した場合、速やかに相手方に書面で通知するものとする。

2　ユーザ及びベンダ間における本開発の遂行にかかる、要請、指示等の受理及び相手方への依頼等は、責任者を通じて行うものとする。

3　責任者は、本開発の円滑な遂行のため、進捗状況の把握、問題点の協議及び解決等必要事項を協議する連絡協議会を定期的に開催する。なお、開催頻度等の詳細については、別紙「業務内容の詳細」の「連絡協議会」に定めるとおりとする。ただし、ユーザ及びベンダは、必要がある場合、理由を明らかにした上で、随時、連絡協議会の開催を相手方に求めることができるものとする。

 解 説

1　AI技術を利用したソフトウェア開発においては、当初の想定と異なる事態が生じ、分析手法や検証内容、データの内容、形式等

を、当初の想定から変更する必要が生じる場合もあります。このような事態が発生した場合には、適宜、連絡協議会でその旨について両者で協議を実施し、相互の認識を共有することがトラブル回避の観点から重要といえます。

2 　連絡協議会の内容については、議事録を作成して、協議の内容を明確にしておくことが後の紛争予防の観点からも重要です。

3 　当初の想定と大幅な変更が生じて、契約条件（検証期間や費用、作業内容等）を変更する必要が生じた場合は、10条の変更協議の規定に従うものとしています。

第9条（再委託）

1 　ベンダは、ユーザが書面によって事前に承認した場合、本業務の一部を第三者（以下「委託先」という。）に再委託することができるものとする。なお、ユーザが上記の承諾を拒否するには、合理的な理由を要するものとする。

2 　前項の定めに従い委託先に本検証の遂行を委託する場合、ベンダは、本契約における自己の義務と同等の義務を、委託先に課すものとする。

3 　ベンダは、委託先による業務の遂行について、ユーザに帰責事由がある場合を除き、自ら業務を遂行した場合と同様の責任を負うものとする。ただし、ユーザの指定した委託先による業務の遂行については、ベンダに故意または重過失がある場合を除き、責任を負わない。

1　本条は、本業務の遂行に際しての再委託の可否及び再委託が行われた場合のベンダの責任内容について定める条項です。

再委託の可否については、モデル契約2007において「A案：再委託についてユーザの事前承諾を要するパターン」と「B案：再委託先の選定について原則としてベンダの裁量により行えるパターン」が示されています。

もっとも、AI技術を利用したソフトウェアの開発においては、ベンダの技術力に着目して開発契約が締結されることから、本モデル契約においてはユーザの事前承諾を必要とするA案によるものとしています。

2　また、学習用データセットの作成に際して、例えば、アノテーションの作業については人手を要する作業であることが多いため、第三者に再委託することも考えられますが、このような場合、秘密性を有するユーザのデータを取り扱う場合があることからも、ユーザの同意を取得するA案によるものとしています。

第10条（本契約の変更）

> 1　本契約の変更は、当該変更内容につき事前にユーザ及びベンダが協議の上、<u>別途書面により合意することで変更することができる</u>。
> 2　ユーザ及びベンダは、本開発においては、両当事者が一旦合意した事項（開発対象、開発期間、開発費用等を含むが、これらに限られない。）が、事後的に変更される場合があることに鑑み、一方当事者より本契約の内容について、変更の協議の要請があったときは、速や

かに協議に応じなければならない。

3　変更協議においては、変更の対象、変更の可否、変更による代金・納期に対する影響等を検討し、変更を行うかについて両当事者とも誠実に協議する。

 解 説

1　本条は、開発途中で本開発の内容等について変更する必要が生じた場合の変更手続を定める条項です。

2　AI技術を利用したソフトウェアの開発に際しては、それに用いる学習用データセットの量・質によっては想定していた性能とならない場合もあり、さらに、学習には一定の時間を要するため、再学習を行うと納期に間に合わない等、状況によって臨機応変に当初合意した開発条件を変更する必要があります。そこで、ユーザ及びベンダは、合意事項について変更の要請があった場合には、速やかに変更可否について協議することとしています。

3　本モデル契約においては、変更協議の結果を必ず書面化することまでは必要としていませんが、本契約の契約内容を変更するに至るような重大な影響がある場合には書面化するものとしています。なお、8条1項により、この書面にはメールなどの電磁的方法を含むものとされています。

4　また、変更協議が整わない場合の解除規定を設けることも考えられます（モデル契約2007第38条参照）。

【経産省モデル契約からの変更点】

開発中に迅速かつ柔軟な変更が求められる場合もあることから、本契約を変更するにあたって、契約書の締結までは要さず、議事録やメール

等による書面による合意で足りることを明確にしました（1項の下線部）。なお、そのような合意も変更契約の一部を構成することから、法的には変更契約を締結したと評価できます。ただし、金額変更や大幅なスケジュール変更の場合など、重大な変更については、変更契約の作成が望ましいといえます。

第11条（本成果物の提供及び業務終了の確認）

> 1　ベンダは、別紙「業務内容の詳細」の「業務の完了」に記載した成果物提供期限までに、ユーザに本成果物を提供する。
>
> 2　ユーザは、別紙「業務内容の詳細」の「業務の完了」に記載した確認期間（以下「確認期間」という。）内に、本成果物の提供を受けたことを確認し、ベンダ所定の確認書に記名押印または署名の上、ベンダに交付するものとする。
>
> 3　前項の定めに従い、ユーザがベンダに確認書を交付した時に、ユーザの確認が完了したものとする。ただし、確認期間内に、ユーザから書面で具体的な理由を明示して異議を述べないときは、確認書の交付がなくとも、当該期間の満了時に確認が完了したものとする。

 解 説

1　本条は、ベンダによる本成果物の提供及びそれを受けてのユーザによる確認方法を定める条項です。

2　ベンダがユーザに提供する本成果物については、別紙「業務内容の詳細」の「ベンダがユーザの委託に基づき開発支援を行う成果物の明細」に定められています。本成果物の典型例は、学習済みモデルです。

3　1項では、「本成果物」については、ベンダがユーザに提供義務を負うものとされています。もっとも、開発の対象となるものの、ベンダが提供義務を負わないものがある場合には、1項において提供義務の対象から除外するなどの修正をする必要があります。例えば、ベンダがユーザに、学習済みモデルを本成果物として提供せず、その利用のみを許諾したり、API 経由で出力のみ提供する場合です（前者の場合、当該学習済みモデルの利用条件は16条において定めることとなる）。その場合には、ベンダが提供義務を負う本成果物が存在しないことになるため、本成果物の提供を前提とした本条の記載を修正し、学習済みモデルの利用を許諾するといった規定に修正する必要があります。

4　準委任型契約である本モデル契約においては、業務終了時点を明確化しておく必要があるため、このような条項を設ける必要があります。

5　成果物のプログラムを、バイナリで引き渡すのか、ソースコードで引き渡すのかは重要です。ソースコードを引き渡す場合には、相手方による改変が容易になるだけではなく、ソースコードから読み取れるアイデアやノウハウを、相手や相手方が依頼する他のベンダが利用することができるようになってしまうからです。

　バイナリとソースコードのどちらを渡すのかはビジネス判断であり、どちらが正解であるとは言えませんが、ベンダは、ソースコードを引き渡すことについては、慎重な検討をすべきであるといえます。

第12条（ユーザがベンダに提供するデータ・資料等）

> 1　ユーザは、ベンダに対し、別紙「業務内容の詳細」の「ユーザ

が提供するデータの明細」に記載されているデータ（以下「ユーザ提供データ」という。）を同別紙の条件に従い、提供するものとする。

2　ユーザは、ベンダに対し、本開発に合理的に必要なものとしてベンダが要求し、ユーザが合意した資料、機器、設備等（以下「資料等」という。）の提供、開示、貸与等（以下「提供等」という。）を行うものとする。

3　ユーザは、ベンダに対し、ユーザ提供データ及び資料等（以下、まとめて「ユーザ提供データ等」という。）をベンダに提供等することについて、正当な権限があること及びかかる提供等が法令に違反するものではないことを保証する。

4　ユーザは、ユーザ提供データ等の正確性、完全性、有効性、有用性、安全性について［保証しない／確保するように努める］。ただし、本契約に別段の定めがある場合はその限りでない。

5　ユーザがベンダに対し提供等を行ったユーザ提供データ等の内容に誤りがあった場合、またはかかる提供等を遅延した場合、これらの誤りまたは遅延によって生じた完成時期の遅延、瑕疵（法律上の瑕疵を含む。）等の結果について、ベンダは責任を負わない。

6　ベンダは、ユーザ提供データ等の正確性、完全性、有効性、有用性、安全性について、確認、検証の義務その他の責任を負うものではない。

 解 説

1　本条は、本開発に際して、ユーザがベンダにデータ・資料等を提供すること、及び提供されたデータ・資料等の誤りや不足によって開発遅延等が生じた場合に、ベンダが責任を負わないことを定めた条項です。

2　通常のシステム開発においてはユーザによる資料（以下、「資料等」）提供が行われますが、AI技術を利用したソフトウェア開発の場合、それに加えて、ユーザからベンダに学習のためのデータ（以下、「ユーザ提供データ等」）の提供が行われることが一般的です（1項、2項）。なお、ベンダがデータを提供する場合には、その旨を別途定めることになります。

3　当該資料等及びユーザ提供データの開示権限の有無及び適法性は、ユーザ自身が把握できることから、ユーザによる表明保証を行うことにしています（3項）。

4　他方、ユーザ提供データ等の内容の正確性等について、ユーザが表明保証を行うか否かは、かかるデータ等の提供に実質的な有償性が認められるか否か等、個別の事情に左右されるところが大きいといえます。そのため、原則として、ユーザ提供データ等の正確性等について非保証としつつも、本契約や別紙で別段の定めがある場合には、かかる定めが優先することを示しています（4項）。

　なお、ユーザ提供データ等について、本開発目的への利用のみならず、他目的利用を許容する場合（13条2項ただし書の別紙で定める場合）には、ユーザ以外の者にユーザ提供データを利用した成果物等が提供される可能性があることから、必要に応じて、本契約や別紙等に、その他目的利用に関するユーザ提供データ等の保証についての定めを置くことが考えられます。

5　ユーザ提供データについて、誤りがあったり、提供等を遅延したために、本成果物の完成時期の遅延や瑕疵等が生じたりした場合には、合意したデータが開発に必要な時期に提出されていないことから、データの提供を遅延したものとして、5項が適用されることになります。

6　2項については、代替する条項として、ベンダがユーザに対して資

料やデータの提示を請求できることを盛り込むことも考えられます。

　その場合の条項例としては、「ベンダは、ユーザに対し、ユーザが保有する本開発の遂行に必要な文書、図面、ソフトウェア、データその他の資料（記録された媒体の種類を問わず、電磁的記録を含む。）の開示または提供を請求することができる。」という文言が考えられます。

【経産省モデル契約からの変更点】

1　4項については、原則として保証しない旨の規定のほかに、以下のような条項も考えられます。

・正確性、完全性、有効性、有用性、安全性について確保するように努める。

・正確性、完全性、有効性、有用性、安全性について［知る限り／知り得る限り］保証する。

2　なお、本モデル契約では、正確性、完全性、有効性、有用性、安全性を統一的に取り扱っていますが、これらについて個別に保証／非保証をそれぞれ定めることも考えられます。

第13条（ユーザ提供データの利用・管理）

1　ベンダは、ユーザ提供データを、善良な管理者の注意をもって秘密として管理、保管するものとし、ユーザの事前の書面による承諾を得ずに、第三者（第9条に基づく委託先を除く。）に開示、提供または漏えいしてはならないものとする。

2　ベンダは、事前にユーザから書面による承諾を得ずに、ユーザ提供データについて本開発遂行の目的以外の目的で使用、複製及び改変してはならず、本開発遂行の目的に合理的に必要となる範

囲でのみ、使用、複製及び改変できるものとする。ただし、別紙に別段の定めがある場合はこの限りではない。

3　ベンダは、ユーザ提供データを、本開発遂行のために知る必要のある自己の役員及び従業員に限り開示するものとし、この場合、本条に基づきベンダが負担する義務と同等の義務を、開示を受けた当該役員及び従業員に退職後も含め課すものとする。

4　ベンダは、ユーザ提供データのうち、法令の定めに基づき開示すべき情報を、可能な限り事前にユーザに通知した上で、当該法令の定めに基づく開示先に対し開示することができるものとする。

5　本業務が完了し、もしくは本契約が終了した場合またはユーザの指示があった場合、ベンダは、ユーザの指示に従って、ユーザ提供データ（複製物及び改変物を含む。）が記録された媒体を破棄もしくはユーザに返還し、また、ベンダが管理する一切の電磁的記録媒体から削除するものとする。ただし、本条第2項での利用に必要な範囲では、ベンダはユーザ提供データを保存することができる。なお、ユーザはベンダに対し、ユーザ提供データの破棄または削除について、証明する文書の提出を求めることができる。

6　ベンダは、本契約に別段の定めがある場合を除き、ユーザ提供データの提供等により、ユーザの知的財産権を譲渡、移転、利用許諾するものでないことを確認する。

7　本条の規定は、前項を除き、本契約が終了した日より●年間有効に存続するものとする。

 解 説

1　本条項は、ユーザからベンダに提供されたユーザ提供データに関する扱いを定める条項です。

2　本開発のためにユーザからベンダに提供されたユーザ提供データについては、ベンダは善良な管理者としての管理義務を負います(1項)。なお、本条の対象は「ユーザ提供データ等」ではなく「ユーザ提供データ」のみであり、ユーザ提供データに該当しない「資料等」(12条2項) については、秘密情報の取扱いを定める14条での保護対象となります。

　その上で、本条は、本開発に必要な範囲において、ベンダがユーザ提供データを利用できることを明示しています (2項)。

3　1項では、第三者開示が禁止されていますが、営業秘密として保護することを明確にする趣旨で、「秘密として管理」するという文言を加えることも考えられます。もっとも、その場合、限定提供データの要件を満たさないと解される恐れがあるため、対象データを営業秘密として保護するのか、限定提供データとして保護するのか、ということを決めておくことが必要となります。なお、限定提供データとして保護するためには、限定提供性の要件を満たす必要があるため、提供先から第三者に再提供することについて、制約を課す必要があります (第Ⅰ編第4章第2節3(2)参照)。

4　ベンダにおいて、ユーザ提供データを本開発とは別の目的 (例えば、別サービスの開発のため等) で利用することを要請する場合もあり得ます。

　このような他目的利用についても、一定の条件を前提に許容することに合理性があることも想定されるため、ユーザ提供データの他目的利用を許容する条項 (2項ただし書) を設け、ユーザ・ベンダ間で合意した他目的利用の範囲を別紙「ユーザ提供データの利用条件」に記載することとしています。

5　5項で、ユーザ提供データの破棄または削除の証明書 (以下、「削除証明書」)の提出について規定していますが、例えば、ベンダがユー

ザ提供データを他社のクラウドサービスを利用して他社サーバに
保管している場合などでは、削除証明書の提出に別費用がかかる
場合や、そもそも削除証明書の提出が不可能な場合もあり得ます。
そのような場合は、削除証明書の提出ではなく、クラウドベンダ
に対する削除指示を証明する文書の提出などに変更する必要があ
ります。

6 　本条は、ユーザ提供データの利用・管理を定めた規定です。ユー
ザ提供データを利用して生成された学習済みモデル、学習用デー
タセット等は、ユーザ提供データの派生物という余地があります
が、これらの利用・管理については、16条により定めることとし
ています。

7 　本条は、存続条項があるため（27条）、本契約の終了後も効力が
あります。もっとも、7項の規定により、効力を有する期間は●年
間となります。ただし、7項に、「前項を除き」と規定されている
ことから、6項の規定については、原則に戻り、期間の定めなく効
力を有することになります。

【経産省モデル契約からの変更点】

　1項では、第三者開示が禁止されていますが、営業秘密として保護す
ることを明確にする趣旨で、「秘密として管理」するという文言を追記
しました。なお、対象データが公知情報である場合には、秘密として取
り扱う必要はない場合もあり、そのような場合には「秘密として管理」
という文言を設けないことも考えられます。もっとも、公知情報の組み
合わせにより価値が生じる場合には、秘密として取り扱うことはあり得
ます。

第14条（秘密情報の取扱い）

1　ユーザ及びベンダは、本開発遂行のため、相手方より提供を受けた技術上または営業上その他業務上の情報（ただし、ユーザ提供データを除く。）のうち、次のいずれかに該当する情報（以下「秘密情報」という。）を秘密として保持し、秘密情報の開示者の事前の書面による承諾を得ずに、第三者（本契約第9条に基づく委託先を除く。）に開示、提供または漏えいしてはならないものとする。

①　開示者が書面により秘密である旨指定して開示した情報

②　開示者が口頭により秘密である旨を示して開示した情報で開示後●日以内に書面により内容を特定した情報。なお、口頭により秘密である旨を示した開示した日から●日が経過する日または開示者が秘密情報として取り扱わない旨を書面で通知した日のいずれか早い日までは当該情報を秘密情報として取り扱う。

③　本開発の事実、内容及び成果ならびに本契約の内容

［④　本学習用データセット］

［⑤　本学習済みモデル］

［⑥　再利用モデル］

2　前項の定めにかかわらず、次の各号のいずれか一つに該当する情報については、秘密情報に該当しない。

①　開示者から開示された時点ですでに公知となっていたもの

②　開示者から開示された後で、受領者の帰責事由によらずに公知となったもの

③　正当な権限を有する第三者から秘密保持義務を負わずに適法に開示されたもの

④　開示者から開示された時点で、すでに適法に保有していたもの

⑤　開示者から開示された情報を使用することなく独自に開発し

たもの

3　ユーザ及びベンダは、秘密情報について、本契約に別段の定め
　があある場合を除き、事前に開示者から書面による承諾を得ずに、
　本開発遂行の目的以外の目的で使用、複製及び改変してはならず、
　本開発遂行の目的に合理的に必要となる範囲でのみ、使用、複製
　及び改変できるものとする。

4　秘密情報の取扱いについては、前条第3項から第6項の規定を
　準用する。この場合、同条項中の「ユーザ提供データ」は「秘密
　情報」と、「ベンダ」は「秘密情報の受領者」と、「ユーザ」は「開
　示者」と読み替えるものとする。

5　本条の規定は本契約が終了した日より●年間有効に存続するも
　のとする。

 解説

1　本条は、相手から提供を受けた秘密情報の管理に関する条項で
す。モデル契約2007第41条、モデル契約2008第7条、2011年3月
公表の独立行政法人情報処理推進機構ソフトウェア・エンジニアリ
ング・センター「非ウォーターフォール型開発 WG 活動報告書」に
あるアジャイル開発モデル契約の基本契約9条と同趣旨の条項です。

　ただし、ユーザからベンダに提供されたユーザ提供データの秘
密保持等の管理については、前条で規定しているため、1項におい
て秘密情報の対象から除外しています。

2　AI 技術を利用したソフトウェア開発の場合、開発過程で生じた
本学習用データセットや成果物である本学習済みモデル、または
本学習済みモデルを元に生成された再利用モデルを秘密情報とし
て取り扱う必要があるケースも想定できます。その場合には、必

要に応じて、1項の①②に基づいて、本学習用データセット、本学習済みモデル、再利用モデルを秘密情報として明示的に指定することが考えられます。また、学習済みモデルのアルゴリズム、学習用データセットの生成における処理方法に関する情報、学習済みモデルの生成における学習方法に関する情報についても、秘密情報として指定することが考えられます。

　これらを秘密情報として取り扱うことを明記することで、不正競争防止法における営業秘密としての秘密管理性の要件を満たしやすくなります。主に、学習用データセットについては、限定提供データとして取り扱うことも考えられます。その場合には、秘密として管理しないことが求められるため、文言を修正する必要があります。なお、本学習用データセット、本学習済みモデル及び再利用モデル等を秘密情報に含める場合、特許を受ける権利が帰属する当事者が出願を行うときには、秘密保持義務の適用を除外する等の定めが必要となると考えられます。また、④〜⑥については共同で作成することもあり、どちらが開示者でどちらが受領者かがわからないこともあるため、どちらか一方の秘密情報として取り扱う旨の規定を設けることが考えられます。

3　本学習用データセットについて、上記のように14条1項3号で定めるのではなく、13条の規定が適用される規定を設けて、ユーザ提供データと同様の取扱いをすることも考えられます。例えば、ユーザ提供データに近い状態の学習用データセットについては、そのような規定のほうが、ユーザ提供データと本学習用データセットを同一の条文で扱うことができるため便利です。

4　18条において、本成果物等を様々な条件で利用することが想定されていますが、その利用が秘密情報の目的外使用とされる恐れがあるため、3項において「別段の定め」を設ける場合には、秘密

情報の目的外での利用を認めることを明示的に定めています。

5 4項において、13条のユーザ提供データの取扱いの規定を準用しています。本条項の存続期間については、ユーザ提供データと秘密情報の存続期間が異なることを想定しているため、13条を準用していません。もっとも、存続期間を同一期間とする場合には、準用することも可能です。対象データと秘密情報の存続期間を同一期間とする場合には、13条を準用することも可能です（**図表Ⅱ-2-1参照**）。

第15条（個人情報の取扱い）

---

1 ユーザは、本開発の遂行に際して、個人情報の保護に関する法律（本条において、以下「法」という。）に定める個人情報または匿名加工情報（以下、総称して「個人情報等」という。）を含んだデータをベンダに提供する場合には、事前にその旨を明示する。

2 本開発の遂行に際してユーザが個人情報等を含んだデータをベンダに提供する場合には、法に定められている手続を履践していることを保証するものとする。

3 ベンダは、第1項に従って個人情報等が提供される場合には、法を遵守し、個人情報等の管理に必要な措置を講ずるものとする。

  解　説

1 本条は、ユーザがベンダに提供するユーザ提供データ等に個人情報や匿名加工情報が含まれている場合に関する条項です。

2 通常のシステム開発とは異なり、AI技術を利用したソフトウェアの開発に際しては、ユーザからベンダに対して大量のデータが

提供されることが一般的です。場合によっては、そのデータの中に
個人情報が含まれていることがあります。その場合、当該データの
提供に際しては、個人情報保護法で求められる手続をユーザ側で
履践するか、個人を特定できない形に加工した上で提供をする必
要があるため、その点についてのユーザ側の保証を定めています。

3　　モデル契約2007第42条にも同様の規定がありますが、旧個人情
報保護法に基づくものであり、平成27年改正法で規定された匿名
加工情報の規定がないことから、匿名加工情報に関する文言を追
加しています。

4　　モデル契約2007第42条3・4項には、目的範囲内利用・返却の規
定がありますが、本モデル契約では個人情報はユーザ提供データ
としてベンダに提供されることを想定しており、目的範囲内利用・
返却については、13条2項または5項においてカバーされているた
め、本条では規定していません。

第16条（本成果物等の利用条件）

【A案】原則型

> ユーザ及びベンダは、本成果物等について、別紙「利用条件一覧
> 表」記載のとおりの条件で利用できるものとする。同別紙の内容と
> 本契約の内容との間に矛盾がある場合には同別紙の内容が優先する
> ものとする。

【B案】ベンダ著作権帰属型（17条A案）の場合のシンプルな規定

> ユーザは、本成果物を、ユーザ自身の業務のためにのみ利用でき、
> 再利用及び第三者への開示、利用許諾、提供は行わないものとする。

【C案】ユーザ著作権帰属型（17条B案）の場合のシンプルな規定

> 1　ユーザは、本成果物等を自ら及び第三者のために利用すること
> ができ、再利用及び第三者への開示、利用許諾、提供をすること
> ができる。
> 2　ベンダは、本成果物等を本開発遂行のためにのみ利用でき、再
> 利用及び第三者への開示、利用許諾及び提供は行わないものとす
> る。

 解 説

1　本条は、本成果物等のうち「知的財産権の対象となるもの」及
び「対象とならないもの」についての「利用条件」を定める条項
です。

2　AI技術を利用したソフトウェアの開発においては、ユーザに提
供義務のある開発対象として合意された「本成果物」（学習済みモデ
ル等）や、「開発の過程で生じる知的財産」（学習用データセット、発明、
ノウハウ等）が生じます。

それらの「本成果物」や、「開発の過程で生じる知的財産」（2条10
号では、両者をあわせて「本成果物等」と定義している）の中には「知的
財産権」（特許権や著作権）の対象になるものと、対象にならないも
のが含まれています。

これら知的財産に関する利用条件や知的財産権の帰属について
は、ユーザ、ベンダ双方の利害が対立する傾向にあることから、
契約で明確に規定しておくべきであると考えられます。

データ等について、知的財産権が成立しない場合には、そもそ
も知的財産権の帰属を定めることはできないため、その利用条件

を定めることとなります。

3 　本モデル契約では、本成果物等を「知的財産権の対象となるもの」と「ならないもの」に分け、前者については「権利帰属」及び（必要に応じて）「利用条件」を設定し、後者についても必要に応じて「利用条件」を設定することとしています。

4 　本ソフトウェア開発モデル契約においては、次の構成を取っています。

① 　利用条件：16条

② 　本成果物等のうち「著作権の対象となるもの」
の権利帰属：17条

③ 　本成果物等のうち「特許権等の知的財産権の対象となるもの」
の権利帰属：18条

5 　本条では、【A案】【B案】【C案】の3案を示しています。

　ユーザにとってノンコアビジネス分野のAI開発については、開発費の低コスト化・開発スピードの確保の観点から、ベンダに著作権を付与し、横展開を認める【A案】を採用することが考えられます。他方で、ユーザにとってコアビジネスであり秘匿性の高い分野のAI開発については、競争力の確保や企業ノウハウ・データの保護の観点から、ユーザに強い権利が認められる【B案】を採用することが考えられます。以降、A〜C案について解説します。

【A案】原則型

　【A案】は、本成果物等の各対象（学習済みモデル、再利用モデル（派生モデル）、学習用プログラム、学習用データセット、学習済みパラメータ、発明、ノウハウ等）について、ユーザ・ベンダによる利用条件を詳細に定める場合に利用する条項です。

　別紙「利用条件一覧表」は、対象となる本成果物等ごとに、①利用目

的（本開発目的及びユーザの業務のための自己利用の可否等）、②再利用モデル（派生モデル等）の生成、③第三者への開示、利用許諾、提供が認められるか否か、認められる場合の詳細条件を記載するようになっています。

利用条件の定め方としては、例えば、ベンダは、学習用プログラムについて、いかなる目的でも利用でき、再利用モデルの生成や第三者への開示、利用許諾、提供も可能とするが、学習用データセットや学習済みパラメータについては、本開発の目的のみ利用でき、かつ第三者への開示、利用許諾、提供は禁止されるといった利用条件を定めることが考えられます。

なお、別紙「利用条件一覧表」の内容を書き下して、本条において条文化することも考えられますが、「表形式の方がわかりやすい」という意見もあります。

より複雑な利用条件を設定する場合は、別途ライセンス契約を作成することも考えられます。

17条において【C案】をとる場合、著作権について共有することとなり、権利関係が複雑になるため、16条においては【A案】を利用することを想定しています。

「本成果物等」とは、「本成果物及び本開発遂行に伴い生じた知的財産」を意味しており、その利用条件は、対象を特定した上で、別紙「利用条件一覧表」記載することになります。別紙「利用条件一覧表」に記載されなかった「本成果物等」の利用条件については、「本成果物等」のうち知的財産権がある部分については、当該知的財産権を有する者が決定することになります。

【B案】ベンダ著作権帰属型（17条A案）の場合のシンプルな規定

16条の【B案】は、ユーザがユーザ自身の業務のために本成果物を利用できるようにしたシンプルな規定です。

【A案】では細かく利用条件を定めることができますが、実際には「本開発で生成された本成果物等の知的財産権を全てベンダに帰属させ、ユーザは開発対象物である『本成果物』の利用のみ行う」というシンプルなケースもあると思われます。ユーザにとってのノンコアビジネスにおけるAI開発の場合には、そのような対応がされることも考えられます。その場合には、16条において【B案】を採用し、17条において【A案】を採用することも考えられます。もっとも、これと異なる条件を定めたい場合には、16条において、【A案】を採用するか【B案】を修正することになります。

【B案】においては、ユーザは、本成果物をユーザ自身の業務のためにのみ利用することができることを定めています。

本条では、ユーザの利用対象が「本成果物等」ではなく「本成果物」と規定されていることから、本規定では、ユーザが利用できるのは「本成果物」（本モデル契約においては開発対象の学習済みモデルを想定しているが、本成果物の定義によっては学習用データセット等も含むことがある。）のみであり、それ以外については利用できないことになります。

【C案】ユーザ著作権帰属型（17条B案）の場合のシンプルな規定

16条の【C案】も【B案】と同様にシンプルさを追求した規定です。

【B案】と逆に「本開発で生成された本成果物等の知的財産権を全てユーザに帰属させ、ベンダは本成果物等の利用のみ行う」場合に用いるのが【C案】であり、その場合には、16条において【C案】を採用し、17条において【B案】を採用することになります。もっとも、これと異なる条件を定めたい場合は、16条で【A案】を採用するか、【C案】を修正することになります。

なお、【B案】と異なり、ベンダが利用できるのが「本成果物」でなく「本成果物等」になっているのは、ベンダは本成果物に含まれないノ

ウハウ等を自社業務のために利用する必要性が高いことや、「本開発遂行のためにのみ」という目的の限定がなされていることから、そのように規定してもユーザに大きな支障がないとの考えに基づいたものです。

【経産省モデル契約からの変更点】

1　権利帰属にこだわるよりも、利用条件を柔軟に設定することでユーザとベンダの対立を回避し、AI技術の開発を促進するという観点から、利用条件に関する条項を権利関係の条項（17条）より前に設けることにしています。

2　利用条件について記載する別紙「利用条件一覧表」について、何を対象とした利用条件かがわかりにくいため、チェックボックス方式を採用して、わかりやすい形に変更しています。

第●条（既存知的財産の利用条件）

　ユーザが本成果物等を利用する際に必要な知的財産をベンダが保有する場合は、ベンダは、ユーザに対して、前条に定める利用条件の範囲内において、別紙に定める条件で当該知的財産を実施許諾する。

 　　　　　　　　　　　　解　説　　　　　　　　　

1　上記は、既存知的財産権の利用条件について定める場合の規定です。経産省モデル契約では、既存知的財産権については、その帰属について、権利帰属を定める規定の対象から除外するという形で処理されていますが（経産省モデル契約16条）、既存知的財産権の利用条件について明示的に規定を設けていませんでした。その

ような場合、当事者の合理的意思解釈としては、別段の事情がない限り、ベンダの既存知的財産権の利用の対価は本開発の委託費用に含まれており、その存続期間は本成果物の利用期間と同じであると解されることになるのではないかと考えられます。

2　もっとも、ベンダの既存の知的財産権を利用するにあたって、ユーザが対価を支払う場合も考えられます。第Ⅰ編第3章で述べたとおり、ベンダのビジネスモデルとして、ベンダが権利を留保したAIソフトウェアをユーザにライセンスするビジネスモデルが考えられます。本条項は、そのような場合についてのライセンス料やライセンス期間などのライセンス条件を定める規定です。

第17条（本成果物等の著作権）

【A案】ベンダに全ての著作権を帰属させる場合

> 1　本成果物等に関する著作権（著作権法第27条及び第28条の権利を含む。）は、ユーザまたは第三者が従前から保有していた著作権を除き、ベンダに帰属する。
> 2　ユーザ及びベンダは、本契約に従った本成果物等の利用について、他の当事者及び正当に権利を取得または承継した第三者に対して、著作者人格権を行使しないものとする。

【B案】ユーザに全ての著作権を帰属させる場合

> 1　本成果物等に関する著作権（著作権法第27条及び第28条の権利を含む。）は、ユーザのベンダに対する委託料の支払いが完了した時点で、ベンダまたは第三者が従前から保有していた著作権を除き、ユーザに帰属する。なお、かかるベンダからユーザへの著作権移転の対価は、委託料に含まれるものとする。

2　ユーザ及びベンダは、本契約に従った本成果物等の利用について、他の当事者及び正当に権利を取得または承継した第三者に対して、著作者人格権を行使しないものとする。

【C案】ユーザ・ベンダの共有とする場合

1　本成果物等に関する著作権（著作権法第27条及び第28条の権利を含む。）は、ユーザのベンダに対する委託料の支払いが完了した時点で、ユーザ、ベンダまたは第三者が従前から保有していた著作権を除き、ベンダ及びユーザの共有（持分均等）とする。なお、ベンダからユーザへの著作権の移転の対価は、委託料に含まれるものとする。
2　前項の場合、ユーザ及びベンダは、共有にかかる著作権につき、本契約に別に定めるところに従い、前項の共有にかかる著作権の行使についての法律上必要とされる共有者の合意を、あらかじめこの契約により与えられるものとし、相手方の同意なしに、かつ、相手方に対する対価の支払いの義務を負うことなく、自ら利用することができるものとする。
3　ユーザ及びベンダは、相手方の同意を得なければ、第1項所定の著作権の共有持分を処分することはできないものとする。
4　ユーザ及びベンダは、本契約に従った本成果物等の利用について、他の当事者及び正当に権利を取得または承継した第三者に対して、著作者人格権を行使しないものとする。

　　解　説　　

1　本条は、本成果物等のうち「著作権の対象となるもの」の著作

権の権利帰属についての条項です。

2   本成果物等のうち「著作権の対象となるもの」については、契約締結時点において、ユーザとベンダのどちらに権利帰属するかを明確にしておきたいというニーズが強いと思われるため、本条を設けています。そして、モデル契約2007と同様に、成果物等の有効活用とユーザの競争力の保持とのバランスから、A～C案の3種類の条項案が用意されています。

3   【A案】はベンダに全ての権利を帰属させる場合、【B案】はユーザに全ての権利を帰属させる場合、【C案】はユーザとベンダとの共有の場合です。なお、【C案】の共有にする場合には、権利関係が複雑になるため、16条との関係に注意が必要です。

4   本条項は、ユーザ・ベンダが従前から保有している権利は権利帰属の対象外と規定しているため、当該権利はユーザ・ベンダに留保されます。もし、当事者がその権利を取得したいのであれば、本条項を修正する必要があります。その場合には、委託料には当該権利取得の対価を考慮することになります。

5   モデル契約2007第45条C案では、納入物の著作権をユーザ・ベンダの共有とする場合、いずれの当事者も相手方への支払いの義務を負うことなく第三者への利用許諾を含めた共有著作権の行使ができるとしています。しかし、AI技術を利用したソフトウェアの開発の場合、第三者への利用許諾は様々なバリエーションがあり得るため、本モデル契約においては相手方への支払いの義務を負うことなく利用できるのは自己利用のみとされています。もっとも、第三者への利用許諾を認めることもあるため、その場合には、【C案】2項に、次の規定を設けることが考えられます。

2　前項の場合、ユーザ及びベンダは、共有にかかる著作権につき、本契約に別に定めるところに従い、前項の共有にかかる著作権の行使についての法律上必要とされる共有者の合意を、あらかじめこの契約により与えられるものとし、相手方の同意なしに、かつ、相手方に対する対価の支払いの義務を負うことなく、第三者への利用許諾を含め、かかる共有著作権を行使することができるものとする。

6　なお、本成果物等が複数あり、かつ、それらの著作権の帰属主体が別々となる場合、例えば、学習済みモデルの著作権をベンダに帰属させる一方で、学習用データセットの著作権をユーザに帰属させる場合には、それぞれについて17条1項の権利帰属を規定する条項を設けることになります。

第18条（本成果物等の特許権等）
【A案】発明者主義による場合

1　本成果物等にかかる特許権その他の知的財産権（ただし、著作権は除く。以下「特許権等」という。）は、本成果物等を創出した者が属する当事者に帰属するものとする。
2　ユーザ及びベンダが共同で創出した本成果物等に関する特許権等については、ユーザ及びベンダの共有（持分は貢献度に応じて定める。）とする。この場合、ユーザ及びベンダは、共有にかかる特許権等につき、本契約に定めるところに従い、それぞれ相手方の同意なしに、かつ、相手方に対する対価の支払いの義務を負うことなく、自ら実施することができるものとする。
3　ユーザ及びベンダは、前項に基づき相手方と共有する特許権等

について、必要となる職務発明の取得手続（職務発明規定の整備等の職務発明制度の適切な運用、譲渡手続等）を履践するものとする。

【B案】分野に応じて特許の帰属を定める場合

本成果物等にかかる特許権その他の知的財産権（ただし、著作権は除く。以下「特許権等」という。）は、単独または共同で創出したかにかかわらず、●分野の特許権等についてはユーザに、●分野の特許権等についてはベンダに帰属するものとする。この場合、ユーザは、ベンダ帰属にかかる特許権等につき、本契約に定めるところに従い、相手方に対する対価の支払いの義務を負うことなく、自ら実施することができるものとする。

 解 説

1   本条は、成果物等のうち「著作権以外の知的財産権の対象となるもの」の特許権等の権利帰属について定める条項です。

本成果物等のうち「著作権以外の知的財産権の対象となるもの」（例えば、発明等）については、その特許権等の帰属について、モデル契約2007第44条と同様に発明者主義を採用しています。もっとも、当事者が、契約締結時に特許権等の権利帰属について定めることを希望するのであれば、そのような規定を設けることも考えられます。一方、開発段階における契約締結時に、特許権等の権利帰属について定めることが難しい場合は、PoC段階の導入検証契約書の17条【A案】と同じように、両者で協議して決定する旨を規定することも考えられます。

2   特許権等がユーザ・ベンダの共有となる場合（2項）には、前条

で述べたとおり、本モデル契約においては相手方への支払いの義務を負うことなく利用できるのは自己実施のみとしています。

【経産省モデル契約からの変更点】

　特許について、例えば、ユーザは自らの事業分野についての特許を重視する一方で、ソフトウェア技術に関する特許については重視せず、他方、ベンダは、ユーザの事業分野についての特許は重視せずに、ソフトウェア技術の特許については関心を有することが考えられます。そのような場合には、発明者主義を採用するのではなく、分野を分けて、それぞれのニーズが高い分野の特許についてニーズのある当事者に帰属させることも考えられるため、【B案】を追加しています。

第19条 （リバースエンジニアリング及び再利用等の生成の禁止）

> 　【ユーザ／ベンダ】は、本契約に別段の定めがある場合を除き、本成果物について、次の各号の行為を行ってはならない。
> ① 　リバースエンジニアリング、逆コンパイル、逆アセンブルその他の方法でソースコードを抽出する行為
> [② 　再利用モデルを生成する行為]
> [③ 　学習済みモデルへの入力データと、学習済みモデルから出力されたデータを組み合わせて学習済みモデルを生成する行為]
> [④ 　その他前各号に準じる行為]

 解　説

1 　本成果物のうち、学習済みモデルをユーザまたはベンダが使用する際の禁止行為を定める条項です。

2　本条項は、①リバースエンジニアリング、②学習済みモデルの再利用モデルの生成（追加学習することによって生成される派生モデルや、アンサンブル学習によって生成される学習済みモデル）、③いわゆる蒸留モデルの生成を禁止する条項です。また、契約の対象となるAI技術によっては、上記①から③には必ずしも合致しない利用類型も想定されることから、④バスケット条項を設けています。ただし、いかなる場合に「準じる行為」に該当するといえるかは、対象となる技術のみならず、当事者の置かれた具体的な状況によっても左右されることから、原則論としては、可能な限り、禁止行為を特定することが望ましいといえます。

3　また、ユーザとベンダのいずれが本条の対象となるかは、17条及び18条を踏まえて、定める必要があります。

4　契約本文または別紙において、学習済みモデルの利用条件としてユーザに再利用モデル生成を許容する場合には19条2号を削除する等、利用条件規定との整合性を図る必要があります。

第20条（本成果物等の使用等に関する責任）

> ユーザによる本成果物等の使用、複製及び改変、ならびに当該、複製及び改変等により生じた生成物の使用（以下「本成果物等の使用等」という。）は、ユーザの負担と責任により行われるものとする。ベンダはユーザに対して、本契約で別段の定めがある場合またはベンダの責に帰すべき事由がある場合を除いて、ユーザによる本成果物等の使用等によりユーザに生じた損害を賠償する責任を負わない。

1　本条は、ユーザによる本成果物等の使用等について、ベンダが原則として責任を負わない旨を定める条項です。

2　AI技術の特性とAIソフトウェアをどのように利用するかはユーザが決めることが一般的であることから、本成果物等の使用等によって生じた損害については、ユーザの負担としています。もっとも、「本契約で別段の定めがある場合」と「ベンダの責に帰すべき事由がある場合」はその例外としています。

3　「本契約で別段の定めがある場合」とは、本モデル契約においては、具体的には、第21条（知的財産権侵害の責任）の【A-1案】1項、【A-2案】1項及び【B案】1項を指していますが、それ以外にもユーザ・ベンダ間の交渉により「別段の定め」を置くことは可能です。

第21条（知的財産権侵害の責任）

【A-1案】ベンダが知的財産権非侵害の保証を行う場合（ユーザ主導）

> 1　本成果物等の使用等によって、ユーザが第三者の知的財産権を侵害したときは、ベンダはユーザに対し、第22条（損害賠償）第2項所定の金額を限度として、かかる侵害によりユーザに生じた損害（侵害回避のための代替プログラムへの移行を行う場合の費用を含む。）を賠償する。ただし、知的財産権の侵害がユーザの責に帰する場合はこの限りではなく、ベンダは責任を負わないものとする。
> 2　ユーザは、本成果物等の使用等に関して、第三者から知的財産権の侵害の申立を受けた場合には、直ちにその旨をベンダに通知するものとし、ベンダは、ユーザの要請に応じてユーザの防御のために必要な援助を行うものとする。

【A-2案】 ベンダが知的財産権非侵害の保証を行う場合（ベンダ主導）

1　ユーザが本成果物等の使用等に関し第三者から知的財産権の侵害の申立を受けた場合、次の各号所定の全ての要件が充たされる場合に限り、第22条（損害賠償）の規定にかかわらずベンダはかかる申立によってユーザが支払うべきとされた損害賠償額及び合理的な弁護士費用を負担するものとする。ただし、第三者からの申立がユーザの帰責事由による場合にはこの限りではなく、ベンダは一切責任を負わないものとする。

① ユーザが第三者から申立を受けた日から●日以内に、ベンダに対し申立の事実及び内容を通知すること

② ユーザが第三者との交渉又は訴訟の遂行に関し、ベンダに対して実質的な参加の機会及び全てについての決定権限を与え、ならびに必要な援助をすること

③ ユーザの敗訴判決が確定すること又はベンダが訴訟遂行以外の決定を行ったときは和解などにより確定的に解決すること

2　ベンダの責に帰すべき事由による知的財産権の侵害を理由として本成果物等の将来に向けての使用が不可能となる恐れがある場合、ベンダは、ベンダの判断及び費用負担により、（ⅰ）権利侵害のないものとの交換、（ⅱ）権利侵害している部分の変更、（ⅲ）継続使用のための権利取得のいずれかの措置を講じることができるものとする。

3　第1項に基づきベンダが負担することとなる損害以外のユーザに生じた損害については、第22条（損害賠償）の規定によるものとする。

【B案】ベンダが知的財産権非侵害（著作権を除く）の保証を行わない場合

> 1　本成果物等の使用等によって、ユーザが第三者の著作権を侵害したときは、ベンダはユーザに対し、第22条（損害賠償）第2項所定の金額を限度として、かかる侵害によりユーザに生じた損害（侵害回避のための代替プログラムへの移行を行う場合の費用を含む。）を賠償する。ただし、著作権の侵害がユーザの責に帰する場合はこの限りではなく、ベンダは責任を負わないものとする。
>
> 2　ベンダはユーザに対して、本成果物等の使用等が第三者の知的財産権（ただし、著作権を除く）を侵害しない旨の保証を行わない。
>
> 3　ユーザは、本成果物等の使用等に関して、第三者から知的財産権の侵害の申立を受けた場合には、直ちにその旨をベンダに通知するものとし、ベンダは、ユーザの要請に応じてユーザの防御のために必要な援助を行うものとする。

 解　説

1　本条は、ユーザが本成果物等を使用等したことにより第三者の知的財産権を侵害した場合の条項です。

2　20条においてユーザによる本成果物等の使用等によって生じた損害についての定めを置いていますが、本条は、そのうち「第三者の知的財産権の侵害による損害」についての特則です。

3　第三者の知的財産権（特許権等）については、ベンダにおいて侵害の有無を完全に調査検証することは事実上困難なことも少なくなく、海外を含めて調査検証をするとなれば多額の費用と時間を要することもあると考えられます。第三者の知的財産権の侵害時の責任分担については、個別取引の実情に従った規定を設けるこ

とになりますが、本モデル契約では3つの案を提示しています。

4 　【A-1案】では、ベンダが本成果物等の利用について、第三者の知的財産権の非侵害を保証しています。【A-1案】1項は、20条における「本契約で別段の定めがある場合」に該当します。

　【A-1案】では、ユーザが主体的に紛争を解決することを想定しており、ユーザが権利者に支払うこととなった損害賠償額等について委託料を上限としてベンダが負担することとしています。

　なお、ベンダによる知的財産権の非侵害の保証について「ベンダの知る限り」と留保を付すことも考えられます。その場合、【A-1案】1項を、次のように修正することになります。

【A-1案】 ベンダが知的財産権非侵害の保証を行う場合（ユーザ主導）

> 1 　ベンダは、ユーザに対し、ベンダの知る限りにおいて、本成果物等が第三者の知的財産権を侵害しないことを保証する。当該保証に違反して、ユーザによる本成果物等の使用等によって、ユーザが第三者の知的財産権を侵害したときは、ベンダはユーザに対し、第22条（損害賠償）第2項所定の金額を限度として、かかる侵害によりユーザに生じた損害（侵害回避のための代替プログラムへの移行を行う場合の費用を含む。）を賠償する。ただし、知的財産権の侵害がユーザの責に帰する場合はこの限りではなく、ベンダは責任を負わないものとする。

5 　【A-2案】も【A-1案】と同様に、ベンダが本成果物等の利用について、第三者の知的財産権の非侵害を保証しています。【A-2案】1項も、20条における「本契約で別段の定めがある場合」に該当します。

【A-2案】では、ベンダが主体的に紛争を解決することを想定しているため、損害賠償額について、特に上限を定めていません。

6　【B案】では、ベンダに本成果物等に関する知的財産権（著作権を除く）の非侵害の保証をしないものとしています。例えば、ベンダがベンチャー企業のような場合には、侵害の有無を調査検証する十分な人材や財力がないことも多く、ベンダに知的財産権の非侵害の調査義務や責任分担を課すとすれば、開発そのものが阻害されたり、開発スピードの低下が生じることになります。AI技術においては、技術発展のスピードが著しく早いことから、開発スピードの低下は致命的なマイナスを招くこともあります。また、委託料についても、ベンダが知的財産権の非侵害調査を行わなければならないとすれば、そのコストを反映して、増加することになります。そこで、開発の実施、開発のスピード確保、委託料の増加の防止といった観点から、ベンダにそのような義務や責任を負担させないことが、ユーザにとっても合理的な選択となる場合も想定されるため、ベンダに知的財産権の非侵害の保証をしない案も設けています。

7　もっとも、【B案】においても、知的財産権のうち、著作権（例えばプログラムの著作権）については、侵害成立の要件として対象となる著作物への依拠性が必要とされることから、依拠していなければ侵害とはならず、ベンダにおいて侵害がないことを保証できる場合が多いと考えられます。そのため、1項において本成果物等が第三者の著作権を侵害する場合の損害賠償義務を定めています。【B案】1項は、20条における「本契約で別段の定めがある場合」に該当します。

8　また、本モデル契約では、成果物の使用地域が日本国内であることを前提としていますが、国外での使用が想定される場合、知

的財産権の非侵害保証の地域限定（例えば、日本及びアメリカにおける著作権の非侵害について保証する等）について規定することも考えられます。

第22条（損害賠償）

1　ユーザ及びベンダは、本契約の履行に関し、相手方の責めに帰すべき事由により損害を被った場合、相手方に対して、損害賠償（ただし直接かつ現実に生じた通常の損害に限る。）を請求することができる。ただし、この請求は、業務の終了確認日から●か月が経過した後は行うことができない。

2　ベンダがユーザに対して負担する損害賠償は、債務不履行、法律上の瑕疵担保責任、知的財産権の侵害、不当利得、不法行為その他請求原因の如何にかかわらず、本契約の委託料を限度とする。

3　前項は、損害が損害賠償義務者の故意または重大な過失に基づくものである場合［及びベンダの第13条（ユーザ提供データの利用・管理）、第14条（秘密情報の取扱い）、第15条３項（個人情報の取扱い）に定める義務の違反に基づくものである場合］には適用しないものとする。

 解 説

1　本条は、契約の履行に関して損害が発生した場合の賠償に関する条項です。損害賠償責任の範囲・金額・請求期間をどのように定めるかについては、開発対象の内容を考慮してユーザ・ベンダの合意により決められるべきものですが、本モデル契約では、モデル契約2007と同様の規定を設けています。なお、損害賠償責任

のうち、「本契約の履行」に関するものではない「本成果物等の使用等に関する損害賠償責任」については、20条及び21条に定めています。

2　1項において、損害賠償責任は、相手方に故意・過失がある場合に負うものとし、賠償の範囲を、直接かつ現実に生じた通常の損害に限定しています。

3　また、2項において、何を請求原因とするのかにかかわらず、損害の上限は委託料を限度とすることを定めています。

4　ただし、3項において、故意・重過失の場合には、上限規定は適用されないものとしています。損害発生の原因が故意による場合には、判例では免責・責任制限に関する条項は無効になるものと考えられていることから、故意に準ずる重過失の場合にも同様に無効とするのが有力な考え方であるため、このような規定を設けています。

5　PoC 段階に損害の原因があった場合の損害賠償規定（典型的には上限規定）の適用については、PoC 段階の契約で規律されることになるため、PoC 段階の契約の損害賠償の規定に従うことになります。もっとも、その原因が、開発段階の損害の原因であったといえるのであれば（例えば、ベンダが、PoC 段階の過ちについて、開発段階で容易に気づくことができたのに見過ごしたような場合には、開発段階に損害の原因があったと考えられる）、開発モデル契約の損害賠償規定が適用されることになると考えられます。

実際には、PoC 段階に原因があったのか、開発段階に原因があったのかは、究明できないこともあり得るため、1項の「本契約の履行に関し」の部分を「本契約及び本導入検証契約の履行に関し」と修正することも考えられます。

【経産省モデル契約からの変更点】

　損賠賠償の上限規定について、ベンダによるデータ漏えい・秘密漏えいの場合には、AI技術の特性によるものとは言えず、上限規定を適用する根拠がなく、上限を設けるべきでないという考え方もあることから、そのような場合については上限規定を設けないという規定を選択できる条項を3項に追加しました。

第23条（OSSの利用）

> 1　ベンダは、本開発遂行の過程において、本成果物を構成する一部としてオープン・ソース・ソフトウェア（以下「OSS」という。）を利用しようとするときは、OSSの利用許諾条項、機能、脆弱性等に関して適切な情報を提供し、ユーザにOSSの利用を提案するものとする。
> 2　ユーザは、前項所定のベンダの提案を自らの責任で検討・評価し、OSSの採否を決定する。
> 3　本契約の他の条項にかかわらず、ベンダは、OSSに関して、著作権その他の権利の侵害がないこと及び瑕疵のないことを保証するものではなく、ベンダは、第1項所定のOSS利用の提案時に権利侵害または瑕疵の存在を知りながら、もしくは重大な過失により知らずに告げなかった場合を除き、何らの責任を負わないものとする。

 解　説

　AI技術を利用したソフトウェアの開発においてはOSSが利用されることも多いことから、OSSの利用に関する規定を設けています。実質的な内容は、モデル契約2007第49条A案と同様です。

第24条 （権利義務譲渡の禁止）

> ユーザ及びベンダは、互いに相手方の事前の書面による同意なくして、本契約上の地位を第三者に承継させ、または本契約から生じる権利義務の全部もしくは一部を第三者に譲渡し、引き受けさせもしくは担保に供してはならない。

第25条 （解除）

> 1　ユーザまたはベンダは、相手方に次の各号のいずれかに該当する事由が生じた場合には、何らの催告なしに直ちに本契約の全部または一部を解除することができる。
> ①　重大な過失または背信行為があった場合
> ②　支払いの停止があった場合、または仮差押、差押、競売、破産手続開始、民事再生手続開始、会社更生手続開始、特別清算開始の申立てがあった場合
> ③　手形交換所の取引停止処分を受けた場合
> ④　公租公課の滞納処分を受けた場合
> ⑤　その他前各号に準ずるような本契約を継続し難い重大な事由が発生した場合
> 2　ユーザまたはベンダは、相手方が本契約のいずれかの条項に違反し、相当期間を定めてなした催告後も、相手方の債務不履行が是正されない場合は、本契約の全部または一部を解除することができる。
> 3　ユーザまたはベンダは、第1項各号のいずれかに該当する場合または前項に定める解除がなされた場合、相手方に対し負担する一切の金銭債務につき相手方から通知催告がなくとも当然に期限の利益を喪失し、直ちに弁済しなければならない。

第26条（有効期間）

　本契約は、本契約の締結日から第4条の委託料の支払い及び第11条に定める確認が完了する日のいずれか遅い日まで効力を有するものとする。

第27条（存続条項）

　本契約第7条（ベンダの義務）、第12条（ユーザがベンダに提供するデータ・資料等）第3項から第6項、第13条（ユーザ提供データの利用・管理）、第14条（秘密情報の取扱い）から第23条（OSSの利用）、本条及び第28条（管轄裁判所）は、本契約終了後も有効に存続するものとする。

第28条（管轄裁判所）

　本契約に関する一切の紛争については、●●地方裁判所を第一審の専属的合意管轄裁判所として処理するものとする。

第29条（協議）

　本契約に定めのない事項または疑義が生じた事項については、信義誠実の原則に従いユーザ及びベンダが協議し、円満な解決を図る努力をするものとする。

　本契約締結の証として、本書2通を作成し、ユーザ、ベンダ記名押印の上、各1通を保有する。

　　　　　年　　月　　日

　　ユーザ

　　ベンダ

【別紙】業務内容の詳細

1　本開発の対象

（例）次の機能を有するソフトウェア（名称「●●」）

(1)　機能

　……

(2)　使用環境

　……

(3)　前提条件

　……

2　データの明細

(1)　ユーザが提供するデータの明細

　（例）別紙データ目録に記載するデータ

［(2)　ベンダが提供するデータの明細］

3　ユーザが提供する資料等

(1)

(2)

　その他、本開発遂行のために必要な資料等が生じた場合は別途協議する。

4　作業体制

　【ベンダ及びユーザの責任者及び必要に応じてメンバそれぞれの役割、所属、氏名の記載とソフトウェア開発の実施場所等を記載】

(1) ベンダの作業体制

　・ベンダ側責任者氏名：●●　●●

　ベンダ側責任者は次の役割を担当する。

　　① ……

　　② ……

　［メンバ］

　メンバは次の役割を担当する。

　　① ……

　　② ……

　【※組織図／氏名／役割を記載】

(2) ユーザの作業体制

　・ユーザ側責任者氏名：●●　●●

　ユーザ側責任者は次の役割を担当する。

　　① ……

　　② ……

　［メンバ］

　メンバは次の役割を担当する。

　　① ……

　　② ……

　【※組織図／氏名／役割を記載】

(3) ソフトウェア開発実施場所

　【ソフトウェア開発の作業等の実施場所を記載】

5　具体的作業内容（範囲、仕様等）

(1) ベンダの担当作業：

(2) ユーザの担当作業：

(注)共同担当作業がある場合には両方に入れる

6　連絡協議会

　(1)　開催予定頻度：

　(2)　場所：

7　作業期間、スケジュール

8　ベンダがユーザの委託に基づき開発支援を行う成果物の明細

　(例)(該当するものに○をつける。学習用プログラムが成果物に含まれる場合には、契約書本体と別紙に「本学習用プログラム」を設ける。)

	対象物	納品有無	納品形態※
	本学習済みモデル		
	本学習用プログラム		
	本学習用データセット		

※データの場合はデータ形式、プログラムの場合はソースコード・バイナリコード等)

9　業務の完了

　(1)　ベンダからの成果物提供期限：●年●月●日

　(2)　ユーザによる確認期間：成果物提供日から●日間

10　委託料

11　委託料の支払時期・方法

　(例)ユーザが本業務の確認を完了してから●日以内にユーザは委託料をベンダ指定の銀行口座に振り込み送金の方法により支払う。振込手数料はユーザの負担とする。

【別紙】ユーザ提供データの利用条件（13条2項ただし書関係）

［＊以下の記載は参考例であり、実際に利用する際は修正されることを前提としている。また、以下は、ユーザ提供データに個人情報等を含まない場合を想定した記載である。個人情報等を含むデータの取扱いについては、個人情報保護規制の遵守が必要となる。］

利用の範囲	利用の可否・条件
① 本開発目的以外の目的での利用	・不可／可 ・可の場合の条件 【条件の記載例】 例① ベンダの製品・サービス開発や改善目的での利用。 例② 研究目的のための利用。 例③ 第三者に提供しないことを条件に、学習済みモデルの生成及び当該学習済みモデルの利用。 例④ 令和●年●月●日から●か月間は、●●業の分野で利用できる学習済みモデルの生成のためには利用できないものとする。
② 第三者への提供	・不可／可 ・可の場合の条件 【条件の記載例】 例① ユーザを特定できない形に加工したデータに限り提供可能とする。なお、ユーザはデータの有用性や正確性について責任を負わないものとする。 例② ユーザが別途指定するデータを除外したデータに限り提供可能とする。なお、ユーザはデータの有用性や正確性について責任を負わないものとする。 例③ ベンダの子会社に限り提供可能とする。

【別紙】利用条件一覧表（16条関係）

利用条件一覧表

本一覧表の対象	□本学習済みモデル □本再利用モデル □本学習用プログラム □本学習用データセット □　（　　　　　　　　　　　　　　　　　　　　）

＊該当する対象のボックスにチェックしてください。

【ユーザ】

利用の範囲	利用の可否・条件
①　利用目的	［ユーザの自己の事業ための利用に限るか否か］
②　再利用モデル（派生モデル等）の生成	
③　第三者への開示、利用許諾、提供等	

【ベンダ】

利用の範囲	利用の可否・条件
①　利用目的	［本開発目的以外の利用に限るか否か。ベンダの自己の事業ための利用に限るか否か。］
②　再利用モデル（派生モデル等）の生成	
③　第三者への開示、利用許諾、提供等	

AI 開発にかかる成果物・中間生成物の権利帰属・利用条件整理表

	権利帰属	利用条件（ユーザ）				利用条件（ベンダ）			
		利用目的	第三者提供	独占/非独占	有償/無償	利用目的	第三者提供	独占/非独占	有償/無償
学習データセット※									
学習用プログラム（著作権）									
学習済みモデル（著作権）									
推論プログラム（著作権）									
学習済みパラメータ									
派生モデル（再利用モデル）									
報告書（著作権）									
ノウハウ※									
開発過程で生じた発明の特許権									
成果物に関する発明の特許権									

※教師データについて、別途、検討する必要がある場合があります。

※ノウハウについては様々なものが考えられるため、権利帰属・利用条件を契約に定める場合には、その内容を特定する必要性が高いといえます。

※第三者提供の定めの中には、提供先からさらに第三者提供（再提供）を認めるかについても定める必要があります。

※利用期間については契約期間と同一とすることが多いと思われますが、別の定めを設けることも考えられます。

巻末資料

本モデル契約全文

秘密保持契約書

　●●（以下「ユーザ」という。）と●●（以下「ベンダ」という。）は、●●の実施可能性の検討（以下「本件検討」という。）に伴い、相互に開示する秘密情報の取扱いに関して、次のとおり契約を締結する。

第1条（秘密情報の定義）

1　本契約において秘密情報とは、本件検討に関して、相手方より提供を受けた技術上または営業上その他業務上の情報のうち、次のいずれかに該当する情報をいう。

　①　相手方が書面（電磁的方法を含む。以下同じ）により秘密である旨指定して開示した情報

　②　相手方が口頭により秘密である旨を示して開示した情報で開示後●日以内に書面により内容を特定した情報。なお、口頭により秘密である旨を示した開示した日から●日が経過する日または相手方が秘密情報として取り扱わない旨を書面で通知した日のいずれか早い日までは当該情報を秘密情報として取り扱う。

　③　本件検討の対象となる別紙記載のデータ（以下「対象データ」という。）

2　前項の定めにかかわらず、次の各号のいずれかに該当する情報は、秘密情報から除外するものとする。

① 開示者から開示された時点ですでに公知となっていたもの

② 開示者から開示された後で、受領者の帰責事由によらずに公知となったもの

③ 正当な権限を有する第三者から秘密保持義務を負わずに適法に開示されたもの

④ 開示者から開示された時点で、すでに適法に保有していたもの

⑤ 開示者から開示された情報を使用することなく独自に開発したもの

第2条（秘密保持義務）

1　受領者は、秘密情報を、秘密として保持し、開示者の書面による事前の承諾を得ることなく、第三者に開示、提供または漏えいしてはならないものとする。

2　受領者は、秘密情報を、本件検討遂行の目的のために知る必要のある自己の役員及び従業員に限り開示するものとする。

3　前2項の定めにかかわらず、ユーザによる事前の書面による承認を得た場合（ただし、ユーザは合理的理由なく、かかる承諾を拒否できないものとする。）、ベンダは、秘密情報を、本件検討遂行の目的のために必要な第三者（以下「委託先」という。）に対して開示することができるものとする。この場合、ベンダは、当該委託先に本契約の自己の義務と同等の義務を課すものとし、その秘密情報の管理について一切の責任を負うものとする。

4　前各項の定めにかかわらず、受領者は、秘密情報のうち法令の定めに基づき開示すべき情報を、可能な限り事前に相手方に通知した上で、当該法令の定めに基づく開示先に対し開示することができるものとする。

第3条（目的外使用等の禁止）

受領者は、秘密情報を本件検討遂行の目的以外の目的で使用、複製及び改変してはならず、本件検討遂行の目的に合理的に必要となる範囲でのみ、使用、複製及び改変できるものとする。

第4条（秘密情報の返却または削除）

1　受領者は、本契約が終了した場合または開示者から書面にて要求を受けた場合、開示者より開示及び提供を受けた秘密情報を速やかに開示者に返却し、または自らの責任で削除するものとする（秘密情報の複製物及び改変物も同様とする。）。なお、開示者は受領者に対し、当該削除について、証明する文書の提出を求めることができる。

2　前項の規定にかかわらず、ベンダの秘密情報に、本件検討の結果について記載したベンダ作成の報告書（以下「報告書」という。）が含まれる場合、ユーザは報告書を本契約の終了後も使用することができるものとする。ただし、ユーザは、自己の社内利用に必要な範囲に限り、報告書を使用、複製及び改変できるものとし、報告書を第三者に開示、提供または漏えいしてはならないものとする。

第5条（秘密情報の保証の限定）

開示者は、開示する秘密情報に関し、受領者に対して保証しないものとする。ただし、開示者は、秘密情報を受領者に開示する正当な権原を有することを受領者に対して保証する。

第6条（知的財産権）

【A案】知的財産権の取扱いについて、協議により定めるとする場合

1　本契約に基づく秘密情報の開示によって、本契約で明示的に認めた内容を除き、受領者は、開示者の秘密情報に関するいかなる権利についても、取得し、また許諾を受けるものではない。

2　受領者は、開示者の秘密情報に基づき、新たに発明その他の知的財産（以下、あわせて「発明等」という。）が生じた場合、速やかに開示者に通知し、当該発明等にかかる特許権その他の知的財産権の取扱いについて両者協議の上決定するものとする。

【B案】知的財産権の取扱いについて、発明者主義とする場合
1　本契約に基づく秘密情報の開示によって、本契約で明示的に認めた内容を除き、受領者は、開示者の秘密情報に関するいかなる権利についても、取得し、また許諾を受けるものではない。
2　本件検討の過程で生じた発明その他の知的財産（以下、あわせて「発明等」という。）にかかる特許権その他の知的財産権（以下、特許権その他の知的財産権を総称して「特許権等」という。）は、当該発明等を創出した者が属する当事者に帰属するものとする。
3　ユーザ及びベンダが共同で行った発明等にかかる特許権等については、ユーザ及びベンダの共有（持分は貢献度に応じて定める。）とする。この場合、ユーザ及びベンダは、共有にかかる特許権等につき、それぞれ相手方の同意なしに、かつ、相手方に対する対価の支払いの義務を負うことなく、自ら実施または行使することができるものとする。
4　ユーザ及びベンダは、前項に基づき相手方と共有する特許権等について、必要となる職務発明の取得手続（職務発明規定の整備等の職務発明制度の適切な運用、譲渡手続等）を履践するものとする。

第7条（有効期間）
1　本契約は、●年●月●日から、●か月間効力を有するものとする。ただし、第4条から第8条の規定は、当該期間の終了後も、有効に存続するものとする。
2　第2条及び第3条の規定は、本契約の締結日より●年間有効に存続するものとする。

第8条 (管轄裁判所)

　本契約に関する一切の紛争については、●●地方裁判所を第一審の専属的合意管轄裁判所として処理するものとする。

第9条 (協議事項)

　本契約の履行について疑義を生じた事項及び本契約に定めのない事項については、当事者間で協議し、円満に解決を図るものとする。

　本契約締結の証として、本書2通を作成し、ユーザ、ベンダ記名押印の上、各1通を保有する。

　　　　年　　　月　　　日

　　　　　　　　　　ユーザ

　　　　　　　　　　ベンダ

【別紙】対象データの詳細

導入検証契約書

●● (以下「ユーザ」という。) と●● (以下「ベンダ」という。) は、[検証対象となるベンダの AI 技術名] のユーザへの導入・適用に関する検証に関して、●年●月●日に、本契約を締結する。

第1条 (目的)

本契約は、●●のユーザへの導入・適用に関する検証の遂行における、ユーザとベンダの権利・義務関係を定めることを目的とする。

第2条 (定義)

① 本検証

ベンダの●●のユーザへの導入・適用に関する検証をいい、詳細は別紙に定める。

② 対象データ

本検証の対象となる、別紙記載のデータをいう。

③ 知的財産

発明、考案、意匠、著作物その他の人間の創造的活動により生み出されるもの (発見または解明がされた自然の法則または現象であって、産業上の利用可能性があるものを含む。)、及び営業秘密その他の事業活動に有用な技術上または営業上の情報をいう。

④ 知的財産権

特許権、実用新案権、意匠権、著作権その他の知的財産に関して法令により定められた権利 (特許を受ける権利、実用新案登録を受ける権利、意匠登録を受ける権利を含む。) をいう。

⑤ ベンダ提供物

ベンダがユーザに提供する旨、別紙に記載する報告書その他の資料をいう。

第3条（業務内容）

1　ユーザはベンダに対し、別紙に記載された本検証にかかる業務の提供を依頼し、ベンダはこれを引き受ける。

2　別紙に本契約の条項と異なる定めがある場合は、当該別紙の定めが優先する。

第4条（委託料及びその支払時期・方法）

1　本検証の委託料は、別紙に定めるとおりとする。

2　ユーザはベンダに対し、別紙に定める委託料を、別紙で定めた時期及び方法により支払う。

第5条（検証期間）

本検証の期間（以下「検証期間」という。）は、別紙に定める期間とする。

第6条（協力と各自の作業分担）

1　ユーザ及びベンダは、本検証遂行のため互いに協力しなければならない。

2　本検証に関するユーザ及びベンダの作業分担は、別紙に定めるとおりとし、ユーザ及びベンダは、自己の作業分担について責任を負うものとする。

第7条（ベンダの義務）

ベンダは、情報処理技術に関する業界の一般的な専門知識に基づき、善良なる管理者の注意をもって本検証を遂行する義務を負う。ベンダは、本検証について完成義務を負うものではなく、本検証に基づく何らかの成果の達成や特定の結果等を保証するものではない。

第8条（責任者の選任及び連絡協議会）

1　ユーザ及びベンダは、本検証を円滑に遂行するため、本契約締結後速やかに、本検証に関する責任者を選任し、それぞれ相手方に書面（電磁的方法を含む。以下同じ）で通知するものとする。また、責任者を変更した場合、速やかに相手方に書面で通知するものとする。

2　ユーザ及びベンダ間における本検証の遂行にかかる、要請、指示等の受理及び相手方への依頼等は、責任者を通じて行うものとする。

3　責任者は、本検証の円滑な遂行のため、進捗状況の把握、問題点の協議及び解決等必要事項を協議する連絡協議会を定期的に開催する。なお、開催頻度については、別紙に定めるとおりとするが、ユーザ及びベンダは、必要がある場合、理由を明らかにした上で、随時、連絡協議会の開催を相手方に求めることができるものとする。

第9条（再委託）

1　ベンダは、ユーザが書面によって事前に承認した場合、本検証の一部を第三者（以下「委託先」という。）に再委託することができるものとする。なお、ユーザが上記の承諾を拒否するには、合理的な理由を要するものとする。

2　前項の定めに従い委託先に本検証の遂行を委託する場合、ベンダは、本契約における自己の義務と同等の義務を、当該委託先に課すものとする。

3　ベンダは、委託先による業務の遂行について、ユーザに帰責事由がある場合を除き、自ら業務を遂行した場合と同様の責任を負うものとする。ただし、ユーザの指定した委託先による業務の遂行については、ベンダに故意または重過失がある場合を除き、責任を負わない。

第10条（契約内容の変更）

1　本検証の進捗状況等に応じて、検証事項が想定外に拡大した等の事

情により、検証期間、委託料等の契約条件の変更が必要となった場合、ユーザまたはベンダは、その旨を記載した書面をもって相手方に申し入れるものとする。当該申し出があった場合、ユーザ及びベンダは、速やかに契約条件の変更の要否について協議するものとする。

2　前項の協議に基づき、本契約の内容の一部変更をする場合、ユーザ及びベンダは、当該変更内容が記載された別途書面により合意するものとする。

第11条（ベンダ提供物の提供及び業務終了の確認）

1　ベンダは、別紙に記載する期限までに、ユーザにベンダ提供物を提供する。

2　ユーザは、ベンダ提供物を受領した日から●日（以下「確認期間」という。）内に、ベンダ提供物の提供を受けたことを確認し、ベンダ所定の確認書に記名押印または署名の上、ベンダに交付するものとする。

3　前項の定めに従い、ユーザがベンダに確認書を交付した時に、ユーザの確認が完了したものとする。ただし、確認期間内に、ユーザから書面で具体的な理由を明示して異議を述べないときは、確認書の交付がなくとも、当該期間の満了時に確認が完了したものとする。

第12条（ユーザがベンダに提供するデータ・資料等）

1　ユーザは、ベンダに対し、別紙に記載する対象データを提供するものとする。

2　ユーザは、ベンダに対し、本検証に合理的に必要なものとしてベンダが要求し、ユーザが合意した資料、機器、設備等（以下「資料等」という。）の提供、開示、貸与等（以下「提供等」という。）を行うものとする。

3　ユーザは、ベンダに対し、対象データ及び資料等(以下、総称して「ユーザ提供データ等」という。）をベンダに提供等することについて、正当な

権限があること及びかかる提供等が法令に違反するものではないことを保証する。

4　ユーザは、ユーザ提供データ等の正確性、完全性、有効性、有用性、安全性等について［保証しない／確保するように努める］。ただし、本契約に別段の定めがある場合はその限りでない。

5　ユーザがベンダに対し提供等を行ったユーザ提供データ等の内容に誤りがあった場合、またはかかる提供等を遅延した場合、これらの誤りまたは遅延によって生じた本検証の遅延、ベンダ提供物の瑕疵（法律上の瑕疵を含む。）等の結果について、ベンダは責任を負わない。

6　ベンダは、ユーザ提供データ等の正確性、完全性、有効性、有用性、安全性等について、確認、検証の義務その他の責任を負うものではない。

第13条（対象データの管理）

1　ベンダは、対象データを、善良な管理者の注意をもって［秘密として］管理、保管するものとし、ユーザの事前の書面による承諾を得ずに、第三者（本契約第9条に基づく委託先を除く。）に開示、提供または漏えいしてはならないものとする。

2　ベンダは、対象データについて、事前にユーザから書面による承諾を得ずに、本検証の遂行の目的以外の目的で使用、複製及び改変してはならず、本検証遂行の目的に合理的に必要となる範囲でのみ、使用、複製及び改変できるものとする。

3　ベンダは、対象データを、本検証の遂行のために知る必要のある自己の役員及び従業員に限り開示するものとし、この場合、本条に基づきベンダが負担する義務と同等の義務を、開示を受けた当該役員及び従業員に退職後も含め課すものとする。

4　ベンダは、対象データのうち、法令の定めに基づき開示すべき情報を、可能な限り事前にユーザに通知した上で、当該法令の定めに基づく開示先に対し開示することができるものとする。

5　本検証が完了し、もしくは本契約が終了した場合またはユーザの指示があった場合、ベンダは、ユーザの指示に従って、対象データ（複製物及び改変物を含む。）が記録された媒体を破棄もしくはユーザに返還し、また、ベンダが管理する一切の電磁的記録媒体から削除するものとする。なお、ユーザはベンダに対し、対象データの破棄または削除について、証明する文書の提出を求めることができる。

6　ベンダは、本契約に別段の定めがある場合を除き、対象データの提供等により、ユーザの知的財産権を譲渡、移転、利用許諾するものでないことを確認する。

7　本条の規定は、前項を除き、本契約が終了した日より●年間有効に存続するものとする。

第14条（秘密情報の取扱い）

1　ユーザ及びベンダは、本検証遂行のため、相手方より提供を受けた技術上または営業上その他業務上の情報（ただし、対象データを除く。）のうち、次のいずれかに該当する情報（以下「秘密情報」という。）を秘密として保持し、秘密情報の開示者の事前の書面による承諾を得ずに、第三者（本契約第9条に基づく委託先を除く。）に開示、提供または漏えいしてはならないものとする。

①　開示者が書面により秘密である旨指定して開示した情報

②　開示者が口頭により秘密である旨を示して開示した情報で開示後●日以内に書面により内容を特定した情報。なお、口頭により秘密である旨を示した開示した日から●日が経過する日または開示者が秘密情報として取り扱わない旨を書面で通知した日のいずれか早い日までは当該情報を秘密情報として取り扱う。

［③　ベンダ提供物］

2　前項の定めにかかわらず、次の各号のいずれか一つに該当する情報については、秘密情報に該当しない。

① 開示者から開示された時点ですでに公知となっていたもの

② 開示者から開示された後で、受領者の帰責事由によらずに公知となったもの

③ 正当な権限を有する第三者から秘密保持義務を負わずに適法に開示されたもの

④ 開示者から開示された時点で、すでに適法に保有していたもの

⑤ 開示者から開示された情報を使用することなく独自に開発したもの

3　秘密情報の取扱いについては、前条第2項から第6項の規定を準用する。この場合、同条項中の「対象データ」は「秘密情報」と、「ベンダ」は「秘密情報の受領者」と、「ユーザ」は「開示者」と読み替えるものとする。

4　本条の規定は、本契約が終了した日より●年間有効に存続するものとする。

第15条（個人情報の取扱い）

1　ユーザは、本検証遂行に際して、個人情報の保護に関する法律（本条において、以下「法」という。）に定める個人情報または匿名加工情報（以下、総称して「個人情報等」という。）を含んだデータをベンダに提供する場合には、事前にその旨を明示する。

2　本検証遂行に際してユーザが個人情報等を含んだデータをベンダに提供する場合には、ユーザはベンダに対し、法に定められている手続を履践していることを保証するものとする。

3　ベンダは、第1項に従って個人情報等が提供される場合には、法を遵守し、個人情報等の管理に必要な措置を講ずるものとする。

第16条（ベンダ提供物等の著作権）

1　ベンダ提供物及び本検証遂行に伴い生じた知的財産に関する著作権

（著作権法27条及び28条の権利を含む。）は、ユーザまたは第三者が従前から保有しているものを除き、ベンダに帰属するものとする。

2　ベンダは、ユーザに対し、ユーザが本検証の結果について検討するために必要な範囲に限って、ユーザ自身がベンダ提供物を使用、複製及び改変することを許諾するものとする。ユーザは、かかる許諾範囲を超えてベンダ提供物を利用しないものとし、またベンダ提供物を第三者に開示または提供してはならないものとする。

3　ユーザによるベンダ提供物の使用、複製及び改変、ならびに当該複製等により作成された複製物等の使用は、ユーザの負担と責任により行われるものとする。ベンダはユーザに対して、本契約で別段の定めがある場合または自らの責に帰すべき事由がある場合を除いて、ユーザによるベンダ提供物の使用等によりユーザに生じた損害を賠償する責任を負わない。

4　ベンダは、ユーザに対し、本契約に従ったベンダ提供物の利用について、著作者人格権を行使しないものとする。

【オプション条項：フィードバック規定】
5　本検証遂行の過程で、ユーザがベンダに対し、本検証に関して何らかの提案や助言を行った場合、ベンダはそれを無償で、ベンダの今後のサービスの改善のために利用することができるものとする。

第17条（特許権等）
【A案】共同発明等にかかる特許権等の権利帰属を協議の上定める場合
1　本検証遂行の過程で生じた発明その他の知的財産（以下、あわせて「発明等」という。）にかかる特許権その他の知的財産権（ただし、著作権は除く。）（以下、特許権その他の知的財産権を総称して「特許権等」という。）は、当該発明等を創出した者が属する当事者に帰属するものとする。
2　ユーザ及びベンダが共同で行った発明等にかかる特許権等の、権利

帰属その他の取扱いについては、両者間で協議の上決定するものとする。

3　ユーザ及びベンダは、前項に基づき相手方と共有する特許権等について、必要となる職務発明の取得手続（職務発明規定の整備等の職務発明制度の適切な運用、譲渡手続等）を履践するものとする。

【B案】共同発明等にかかる特許権等の権利帰属を共有とする場合

1　本検証遂行の過程で生じた発明その他の知的財産（以下、あわせて「発明等」という。）にかかる特許権その他の知的財産権（ただし、著作権は除く。）（以下、特許権その他の知的財産権を総称して「特許権等」という。）は、当該発明等を創出した者が属する当事者に帰属するものとする。

2　ユーザ及びベンダが共同で行った発明等にかかる特許権等については、ユーザ及びベンダの共有（持分は貢献度に応じて定める。）とする。この場合、ユーザ及びベンダは、共有にかかる特許権等につき、それぞれ相手方の同意なしに、かつ、相手方に対する対価の支払いの義務を負うことなく、自ら実施することができるものとする。

3　ユーザ及びベンダは、前項に基づき相手方と共有する特許権等について、必要となる職務発明の取得手続（職務発明規定の整備等の職務発明制度の適切な運用、譲渡手続等）を履践するものとする。

第18条（知的財産権侵害の非保証）

ベンダはユーザに対して、ベンダ提供物の利用が第三者の知的財産権を侵害しない旨の保証を行わない。

第19条（損害賠償等）

1　ユーザ及びベンダは、本契約の履行に関し、相手方の責めに帰すべき事由により損害を被った場合、相手方に対し、損害賠償（ただし直接かつ現実に生じた通常の損害に限る。）を請求することができる。ただし、この請求は、業務の終了確認日から●か月間が経過した後は行うこと

ができない。

2　ベンダがユーザに対して負担する損害賠償は、債務不履行、法律上の瑕疵担保責任、知的財産権の侵害、不当利得、不法行為その他請求原因の如何にかかわらず、本契約の委託料を限度とする。

3　前項は、損害が損害賠償義務者の故意または重大な過失に基づくものである場合には適用しないものとする。

第20条（権利義務の譲渡の禁止）

ユーザ及びベンダは、互いに相手方の事前の書面による同意なくして、本契約上の地位を第三者に承継させ、または本契約から生じる権利義務の全部もしくは一部を第三者に譲渡し、引き受けさせもしくは担保に供してはならない。

第21条（解除）

1　ユーザまたはベンダは、相手方に次の各号のいずれかに該当する事由が生じた場合には、何らの催告なしに直ちに本契約の全部または一部を解除することができる。

①　重大な過失または背信行為があった場合

②　支払いの停止があった場合、または仮差押、差押、競売、破産手続開始、民事再生手続開始、会社更生手続開始、特別清算開始の申立てがあった場合

③　手形交換所の取引停止処分を受けた場合

④　公租公課の滞納処分を受けた場合

⑤　その他前各号に準ずるような本契約を継続し難い重大な事由が発生した場合

2　ユーザまたはベンダは、相手方が本契約のいずれかの条項に違反し、相当期間を定めてなした催告後も、相手方の債務不履行が是正されない場合は、本契約の全部または一部を解除することができる。

3　ユーザまたはベンダは、第1項各号のいずれかに該当する場合また
は前項に定める解除がなされた場合、相手方に対し負担する一切の金
銭債務につき相手方から通知催告がなくとも当然に期限の利益を喪失
し、直ちに弁済しなければならない。

第22条 (有効期間)

本契約は、本契約の締結日から第4条の委託料の支払い及び第11条に
定める確認が完了する日のいずれか遅い日まで効力を有するものとする。

第23条 (存続条項)

本契約第7条 (ベンダの義務)、第12条 (ユーザがベンダに提供するデータ・
資料等) 第3項から第6項、第13条 (対象データの管理) から第19条 (損害賠
償等)、本条及び第24条 (管轄裁判所) は、本契約終了後も有効に存続す
るものとする。

第24条 (管轄裁判所)

本契約に関する一切の紛争については、●●地方裁判所を第一審の専
属的合意管轄裁判所として処理するものとする。

第25条 (協議)

本契約に定めのない事項または疑義が生じた事項については、信義誠
実の原則に従いユーザ及びベンダが協議し、円満な解決を図る努力をす
るものとする。

本契約締結の証として、本書2通を作成し、ユーザ、ベンダ記名押印
の上、各1通を保有する。

年　　月　　日

　　　　　ユーザ

　　　　　ベンダ

【別紙】

1　本検証の目的

2　対象データの詳細（データ提供者、データの概要、データの項目、量、提供形式等）

3　作業体制

4　作業内容及び役割分担

5　連絡協議会の開催予定頻度、場所

6　検証期間

7　委託料及びその支払方法

8　ベンダ提供物の内容及び提供期限

ソフトウェア開発契約書

　●●（以下「ユーザ」という。）と●●（以下「ベンダ」という。）は、コンピュータソフトウェアの開発に関して、●年●月●日に、本契約を締結する。

第1条（目的）

　本契約は、別紙「業務内容の詳細」記載の「開発対象」とされているコンピュータソフトウェアの開発（以下「本開発」という。）のための、ユーザとベンダの権利・義務関係を定めることを目的とする。

第2条（定義）

① データ

　　電磁的記録（電子的方式、磁気的方式その他の方法で作成される記録であって、電子計算機による情報処理の用に供されるものをいう。）をいう。

② 学習用データセット

　　学習のために整形または加工したデータをいう。データを本開発のために整形または加工したデータを「本学習用データセット」という。

③ 学習用プログラム

　　学習用データセットを利用して、学習済みモデルを生成するためのプログラムをいう。本学習済みモデルを生成するための学習用プログラムを「本学習用プログラム」という。

④ 学習済みパラメータ

　　学習用プログラムに学習用データセットを入力した結果生成されたパラメータ（係数）をいう。本学習済みモデルに組み込まれた学習済みパラメータを「本学習済みパラメータ」という。

⑤ 学習済みモデル

　　特定の機能を実現するために学習済みパラメータを組み込んだプロ

グラムをいう。本開発の対象となる学習済みモデルを「本学習済みモデル」という。

⑥ 再利用モデル

学習済みモデルを利用して生成された新たな学習済みモデルをいう。本学習済みモデルを利用して生成された新たな学習済みモデルを「本再利用モデル」という。

⑦ 知的財産

発明、考案、意匠、著作物その他の人間の創造的活動により生み出されるもの（発見または解明がされた自然の法則または現象であって、産業上の利用可能性があるものを含む。）及び営業秘密その他の事業活動に有用な技術上または営業上の情報をいう。

⑧ 知的財産権

特許権、実用新案権、意匠権、著作権その他の知的財産に関して法令により定められた権利（特許を受ける権利、実用新案登録を受ける権利、意匠登録を受ける権利を含む。）をいう。

⑨ 本成果物

［本学習済みモデルのことをいう。］

［別紙「業務内容の詳細」の「ベンダがユーザの委託に基づき開発支援を行う成果物の明細」に記載された成果物をいう。］

⑩ 本成果物等

本成果物及び本開発遂行に伴い生じた知的財産をいう。

第3条（業務内容）

ユーザはベンダに対し、別紙「業務内容の詳細」の「具体的作業内容」に記載された業務（ただし、ユーザの担当業務を除く。以下「本業務」という。）の提供を依頼し、ベンダはこれを引き受ける。

第4条（委託料及びその支払時期・方法）

1 本業務の対価は別紙「業務内容の詳細」の「委託料」で定めた金額とする。

2 ユーザはベンダに対し、本業務の対価を、別紙「業務内容の詳細」の「委託料の支払時期・方法」で定めた時期及び方法により支払う。

第5条（作業期間）

本開発の作業期間は、別紙「業務内容の詳細」の「作業期間」に定めたとおりとする。

第6条（協力と各自の作業分担）

1 ユーザ及びベンダは、本契約の履行においてはお互いに協力しなければならない。

2 ユーザとベンダの作業分担は、別紙「業務内容の詳細」の「作業体制」及び「具体的作業内容」においてその詳細を定める。

第7条（ベンダの義務）

1 ベンダは、情報処理技術に関する業界の一般的な専門知識に基づき、善良な管理者の注意をもって、本業務を行う義務を負う。

2 ベンダは、本成果物について完成義務を負わず、本成果物がユーザの業務課題の解決、業績の改善・向上その他の成果や特定の結果等を保証しない。

第8条（責任者の選任及び連絡協議会）

1 ユーザ及びベンダは、本開発を円滑に遂行するため、本契約締結後速やかに、本開発に関する責任者を選任し、それぞれ相手方に書面（電磁的方法を含む。以下同じ）で通知するものとする。また、責任者を変更した場合、速やかに相手方に書面で通知するものとする。

2　ユーザ及びベンダ間における本開発の遂行にかかる、要請、指示等の受理及び相手方への依頼等は、責任者を通じて行うものとする。

3　責任者は、本開発の円滑な遂行のため、進捗状況の把握、問題点の協議及び解決等必要事項を協議する連絡協議会を定期的に開催する。なお、開催頻度等の詳細については、別紙「業務内容の詳細」の「連絡協議会」に定めるとおりとする。ただし、ユーザ及びベンダは、必要がある場合、理由を明らかにした上で、随時、連絡協議会の開催を相手方に求めることができるものとする。

第9条（再委託）

1　ベンダは、ユーザが書面によって事前に承認した場合、本業務の一部を第三者（以下「委託先」という。）に再委託することができるものとする。なお、ユーザが上記の承諾を拒否するには、合理的な理由を要するものとする。

2　前項の定めに従い委託先に本検証の遂行を委託する場合、ベンダは、本契約における自己の義務と同等の義務を、委託先に課すものとする。

3　ベンダは、委託先による業務の遂行について、ユーザに帰責事由がある場合を除き、自ら業務を遂行した場合と同様の責任を負うものとする。ただし、ユーザの指定した委託先による業務の遂行については、ベンダに故意または重過失がある場合を除き、責任を負わない。

第10条（本契約の変更）

1　本契約の変更は、当該変更内容につき事前にユーザ及びベンダが協議の上、別途書面により合意することで変更することができる。

2　ユーザ及びベンダは、本開発においては、両当事者が一旦合意した事項（開発対象、開発期間、開発費用等を含むが、これらに限られない。）が、事後的に変更される場合があることに鑑み、一方当事者より本契約の内容について、変更の協議の要請があったときは、速やかに協議に応

じなければならない。

3　変更協議においては、変更の対象、変更の可否、変更による代金・
　納期に対する影響等を検討し、変更を行うかについて両当事者とも誠
　実に協議する。

第11条（本成果物の提供及び業務終了の確認）

1　ベンダは、別紙「業務内容の詳細」の「業務の完了」に記載した成
　果物提供期限までに、ユーザに本成果物を提供する。

2　ユーザは、別紙「業務内容の詳細」の「業務の完了」に記載した確
　認期間（以下「確認期間」という。）内に、本成果物の提供を受けたこと
　を確認し、ベンダ所定の確認書に記名押印または署名の上、ベンダに
　交付するものとする。

3　前項の定めに従い、ユーザがベンダに確認書を交付した時に、ユー
　ザの確認が完了したものとする。ただし、確認期間内に、ユーザから
　書面で具体的な理由を明示して異議を述べないときは、確認書の交付
　がなくとも、当該期間の満了時に確認が完了したものとする。

第12条（ユーザがベンダに提供するデータ・資料等）

1　ユーザは、ベンダに対し、別紙「業務内容の詳細」の「ユーザが提
　供するデータの明細」に記載されているデータ（以下「ユーザ提供デー
　タ」という。）を同別紙の条件に従い、提供するものとする。

2　ユーザは、ベンダに対し、本開発に合理的に必要なものとしてベン
　ダが要求し、ユーザが合意した資料、機器、設備等（以下「資料等」と
　いう。）の提供、開示、貸与等（以下「提供等」という。）を行うものとする。

3　ユーザは、ベンダに対し、ユーザ提供データ及び資料等（以下、ま
　とめて「ユーザ提供データ等」という。）をベンダに提供等することについ
　て、正当な権限があること及びかかる提供等が法令に違反するもので
　はないことを保証する。

4 ユーザは、ユーザ提供データ等の正確性、完全性、有効性、有用性、安全性について［保証しない／確保するように努める］。ただし、本契約に別段の定めがある場合はその限りでない。

5 ユーザがベンダに対し提供等を行ったユーザ提供データ等の内容に誤りがあった場合、またはかかる提供等を遅延した場合、これらの誤りまたは遅延によって生じた完成時期の遅延、瑕疵（法律上の瑕疵を含む。）等の結果について、ベンダは責任を負わない。

6 ベンダは、ユーザ提供データ等の正確性、完全性、有効性、有用性、安全性について、確認、検証の義務その他の責任を負うものではない。

第13条（ユーザ提供データの利用・管理）

1 ベンダは、ユーザ提供データを、善良な管理者の注意をもって秘密として管理、保管するものとし、ユーザの事前の書面による承諾を得ずに、第三者（第9条に基づく委託先を除く。）に開示、提供または漏えいしてはならないものとする。

2 ベンダは、事前にユーザから書面による承諾を得ずに、ユーザ提供データについて本開発遂行の目的以外の目的で使用、複製及び改変してはならず、本開発遂行の目的に合理的に必要となる範囲でのみ、使用、複製及び改変できるものとする。ただし、別紙に別段の定めがある場合はこの限りではない。

3 ベンダは、ユーザ提供データを、本開発遂行のために知る必要のある自己の役員及び従業員に限り開示するものとし、この場合、本条に基づきベンダが負担する義務と同等の義務を、開示を受けた当該役員及び従業員に退職後も含め課すものとする。

4 ベンダは、ユーザ提供データのうち、法令の定めに基づき開示すべき情報を、可能な限り事前にユーザに通知した上で、当該法令の定めに基づく開示先に対し開示することができるものとする。

5 本業務が完了し、もしくは本契約が終了した場合またはユーザの指

示があった場合、ベンダは、ユーザの指示に従って、ユーザ提供デー
タ（複製物及び改変物を含む。）が記録された媒体を破棄もしくはユーザ
に返還し、また、ベンダが管理する一切の電磁的記録媒体から削除す
るものとする。ただし、本条第2項での利用に必要な範囲では、ベン
ダはユーザ提供データを保存することができる。なお、ユーザはベン
ダに対し、ユーザ提供データの破棄または削除について、証明する文
書の提出を求めることができる。

6　ベンダは、本契約に別段の定めがある場合を除き、ユーザ提供デー
タの提供等により、ユーザの知的財産権を譲渡、移転、利用許諾する
ものでないことを確認する。

7　本条の規定は、前項を除き、本契約が終了した日より●年間有効に
存続するものとする。

第14条（秘密情報の取扱い）

1　ユーザ及びベンダは、本開発遂行のため、相手方より提供を受けた
技術上または営業上その他業務上の情報（ただし、ユーザ提供データを除
く。）のうち、次のいずれかに該当する情報（以下「秘密情報」という。）
を秘密として保持し、秘密情報の開示者の事前の書面による承諾を得
ずに、第三者（本契約第9条に基づく委託先を除く。）　に開示、提供また
は漏えいしてはならないものとする。

①　開示者が書面により秘密である旨指定して開示した情報

②　開示者が口頭により秘密である旨を示して開示した情報で開示後
●日以内に書面により内容を特定した情報。なお、口頭により秘密
である旨を示した開示した日から●日が経過する日または開示者が
秘密情報として取り扱わない旨を書面で通知した日のいずれか早い
日までは当該情報を秘密情報として取り扱う。

③　本開発の事実、内容及び成果ならびに本契約の内容

［④　本学習用データセット］

［⑤　本学習済みモデル］

［⑥　再利用モデル］

2　前項の定めにかかわらず、次の各号のいずれか一つに該当する情報については、秘密情報に該当しない。

①　開示者から開示された時点ですでに公知となっていたもの

②　開示者から開示された後で、受領者の帰責事由によらずに公知となったもの

③　正当な権限を有する第三者から秘密保持義務を負わずに適法に開示されたもの

④　開示者から開示された時点で、すでに適法に保有していたもの

⑤　開示者から開示された情報を使用することなく独自に開発したもの

3　ユーザ及びベンダは、秘密情報について、本契約に別段の定めがある場合を除き、事前に開示者から書面による承諾を得ずに、本開発遂行の目的以外の目的で使用、複製及び改変してはならず、本開発遂行の目的に合理的に必要となる範囲でのみ、使用、複製及び改変できるものとする。

4　秘密情報の取扱いについては、前条第3項から第6項の規定を準用する。この場合、同条項中の「ユーザ提供データ」は「秘密情報」と、「ベンダ」は「秘密情報の受領者」と、「ユーザ」は「開示者」と読み替えるものとする。

5　本条の規定は本契約が終了した日より●年間有効に存続するものとする。

第15条（個人情報の取扱い）

1　ユーザは、本開発の遂行に際して、個人情報の保護に関する法律(本条において、以下「法」という。）に定める個人情報または匿名加工情報（以下、総称して「個人情報等」という。）を含んだデータをベンダに提供する場合には、事前にその旨を明示する。

2　本開発の遂行に際してユーザが個人情報等を含んだデータをベンダに提供する場合には、法に定められている手続を履践していることを保証するものとする。

3　ベンダは、第1項に従って個人情報等が提供される場合には、法を遵守し、個人情報等の管理に必要な措置を講ずるものとする。

第16条（本成果物等の利用条件）

【A案】原則型

　ユーザ及びベンダは、本成果物等について、別紙「利用条件一覧表」記載のとおりの条件で利用できるものとする。同別紙の内容と本契約の内容との間に矛盾がある場合には同別紙の内容が優先するものとする。

【B案】ベンダ著作権帰属型（17条A案）の場合のシンプルな規定

　ユーザは、本成果物を、ユーザ自身の業務のためにのみ利用でき、再利用及び第三者への開示、利用許諾、提供は行わないものとする。

【C案】ユーザ著作権帰属型（17条B案）の場合のシンプルな規定

1　ユーザは、本成果物等を自ら及び第三者のために利用することができ、再利用及び第三者への開示、利用許諾、提供をすることができる。

2　ベンダは、本成果物等を本開発遂行のためにのみ利用でき、再利用及び第三者への開示、利用許諾及び提供は行わないものとする。

第17条（本成果物等の著作権）

【A案】ベンダに全ての著作権を帰属させる場合

1　本成果物等に関する著作権（著作権法第27条及び第28条の権利を含む。）は、ユーザまたは第三者が従前から保有していた著作権を除き、ベンダに帰属する。

2　ユーザ及びベンダは、本契約に従った本成果物等の利用について、他の当事者及び正当に権利を取得または承継した第三者に対して、著作者人格権を行使しないものとする。

【B案】ユーザに全ての著作権を帰属させる場合

1　本成果物等に関する著作権（著作権法第27条及び第28条の権利を含む。）は、ユーザのベンダに対する委託料の支払いが完了した時点で、ベンダまたは第三者が従前から保有していた著作権を除き、ユーザに帰属する。なお、かかるベンダからユーザへの著作権移転の対価は、委託料に含まれるものとする。

2　ユーザ及びベンダは、本契約に従った本成果物等の利用について、他の当事者及び正当に権利を取得または承継した第三者に対して、著作者人格権を行使しないものとする。

【C案】ユーザ・ベンダの共有とする場合

1　本成果物等に関する著作権（著作権法第27条及び第28条の権利を含む。）は、ユーザのベンダに対する委託料の支払いが完了した時点で、ユーザ、ベンダまたは第三者が従前から保有していた著作権を除き、ベンダ及びユーザの共有（持分均等）とする。なお、ベンダからユーザへの著作権の移転の対価は、委託料に含まれるものとする。

2　前項の場合、ユーザ及びベンダは、共有にかかる著作権につき、本契約に別に定めるところに従い、前項の共有にかかる著作権の行使についての法律上必要とされる共有者の合意を、あらかじめこの契約により与えられるものとし、相手方の同意なしに、かつ、相手方に対する対価の支払いの義務を負うことなく、自ら利用することができるものとする。

3　ユーザ及びベンダは、相手方の同意を得なければ、第1項所定の著作権の共有持分を処分することはできないものとする。

4　ユーザ及びベンダは、本契約に従った本成果物等の利用について、他の当事者及び正当に権利を取得または承継した第三者に対して、著作者人格権を行使しないものとする。

第18条（本成果物等の特許権等）

【A案】発明者主義による場合

1　本成果物等にかかる特許権その他の知的財産権（ただし、著作権は除く。以下「特許権等」という。）は、本成果物等を創出した者が属する当事者に帰属するものとする。

2　ユーザ及びベンダが共同で創出した本成果物等に関する特許権等については、ユーザ及びベンダの共有（持分は貢献度に応じて定める。）とする。この場合、ユーザ及びベンダは、共有にかかる特許権等につき、本契約に定めるところに従い、それぞれ相手方の同意なしに、かつ、相手方に対する対価の支払いの義務を負うことなく、自ら実施することができるものとする。

3　ユーザ及びベンダは、前項に基づき相手方と共有する特許権等について、必要となる職務発明の取得手続（職務発明規定の整備等の職務発明制度の適切な運用、譲渡手続等）を履践するものとする。

【B案】分野に応じて特許の帰属を定める場合

　本成果物等にかかる特許権その他の知的財産権（ただし、著作権は除く。以下「特許権等」という。）は、単独または共同で創出したかにかかわらず、●分野の特許権等についてはユーザに、●分野の特許権等についてはベンダに帰属するものとする。この場合、ユーザは、ベンダ帰属にかかる特許権等につき、本契約に定めるところに従い、相手方に対する対価の支払いの義務を負うことなく、自ら実施することができるものとする。

第19条（リバースエンジニアリング及び再利用等の生成の禁止）

　【ユーザ／ベンダ】は、本契約に別段の定めがある場合を除き、本成果物について、次の各号の行為を行ってはならない。

　　①　リバースエンジニアリング、逆コンパイル、逆アセンブルその他の方法でソースコードを抽出する行為

　　［②　再利用モデルを生成する行為］

［③　学習済みモデルへの入力データと、学習済みモデルから出力された データを組み合わせて学習済みモデルを生成する行為］

　　［④　その他前各号に準じる行為］

第20条（本成果物等の使用等に関する責任）

　ユーザによる本成果物等の使用、複製及び改変、ならびに当該、複製及び改変等により生じた生成物の使用（以下「本成果物等の使用等」という。）は、ユーザの負担と責任により行われるものとする。ベンダはユーザに対して、本契約で別段の定めがある場合またはベンダの責に帰すべき事由がある場合を除いて、ユーザによる本成果物等の使用等によりユーザに生じた損害を賠償する責任を負わない。

第21条（知的財産権侵害の責任）

【A-1案】ベンダが知的財産権非侵害の保証を行う場合（ユーザ主導）

1　本成果物等の使用等によって、ユーザが第三者の知的財産権を侵害したときは、ベンダはユーザに対し、第22条（損害賠償）第2項所定の金額を限度として、かかる侵害によりユーザに生じた損害（侵害回避のための代替プログラムへの移行を行う場合の費用を含む。）を賠償する。ただし、知的財産権の侵害がユーザの責に帰する場合はこの限りではなく、ベンダは責任を負わないものとする。

2　ユーザは、本成果物等の使用等に関して、第三者から知的財産権の侵害の申立を受けた場合には、直ちにその旨をベンダに通知するものとし、ベンダは、ユーザの要請に応じてユーザの防御のために必要な援助を行うものとする。

【A-2案】ベンダが知的財産権非侵害の保証を行う場合（ベンダ主導）

1　ユーザが本成果物等の使用等に関し第三者から知的財産権の侵害の申立を受けた場合、次の各号所定の全ての要件が充たされる場合に限り、第22条（損害賠償）の規定にかかわらずベンダはかかる申立によっ

てユーザが支払うべきとされた損害賠償額及び合理的な弁護士費用を負担するものとする。ただし、第三者からの申立がユーザの帰責事由による場合にはこの限りではなく、ベンダは一切責任を負わないものとする。

① ユーザが第三者から申立を受けた日から●日以内に、ベンダに対し申立の事実及び内容を通知すること

② ユーザが第三者との交渉または訴訟の遂行に関し、ベンダに対して実質的な参加の機会及び全てについての決定権限を与え、ならびに必要な援助をすること

③ ユーザの敗訴判決が確定すること、またはベンダが訴訟遂行以外の決定を行ったときは和解などにより確定的に解決すること

2　ベンダの責に帰すべき事由による知的財産権の侵害を理由として本成果物等の将来に向けての使用が不可能となる恐れがある場合、ベンダは、ベンダの判断及び費用負担により、（ⅰ）権利侵害のないものとの交換、（ⅱ）権利侵害している部分の変更、（ⅲ）継続使用のための権利取得のいずれかの措置を講じることができるものとする。

3　第1項に基づきベンダが負担することとなる損害以外のユーザに生じた損害については、第22条（損害賠償）の規定によるものとする。

【B案】ベンダが知的財産権非侵害（著作権を除く）の保証を行わない場合

1　本成果物等の使用等によって、ユーザが第三者の著作権を侵害したときは、ベンダはユーザに対し、第22条（損害賠償）第2項所定の金額を限度として、かかる侵害によりユーザに生じた損害（侵害回避のための代替プログラムへの移行を行う場合の費用を含む。）を賠償する。ただし、著作権の侵害がユーザの責に帰する場合はこの限りではなく、ベンダは責任を負わないものとする。

2　ベンダはユーザに対して、本成果物等の使用等が第三者の知的財産権（ただし、著作権を除く）を侵害しない旨の保証を行わない。

3　ユーザは、本成果物等の使用等に関して、第三者から知的財産権の

侵害の申立を受けた場合には、直ちにその旨をベンダに通知するものとし、ベンダは、ユーザの要請に応じてユーザの防御のために必要な援助を行うものとする。

第22条（損害賠償）

1　ユーザ及びベンダは、本契約の履行に関し、相手方の責めに帰すべき事由により損害を被った場合、相手方に対して、損害賠償（ただし直接かつ現実に生じた通常の損害に限る。）を請求することができる。ただし、この請求は、業務の終了確認日から●か月が経過した後は行うことができない。

2　ベンダがユーザに対して負担する損害賠償は、債務不履行、法律上の瑕疵担保責任、知的財産権の侵害、不当利得、不法行為その他請求原因の如何にかかわらず、本契約の委託料を限度とする。

3　前項は、損害が損害賠償義務者の故意または重大な過失に基づくものである場合［及びベンダの第13条（ユーザ提供データの利用・管理）、第14条（秘密情報の取扱い）、第15条3項（個人情報の取扱い）に定める義務の違反に基づくものである場合］には適用しないものとする。

第23条（OSS の利用）

1　ベンダは、本開発遂行の過程において、本成果物を構成する一部としてオープン・ソース・ソフトウェア（以下「OSS」という。）を利用しようとするときは、OSS の利用許諾条項、機能、脆弱性等に関して適切な情報を提供し、ユーザに OSS の利用を提案するものとする。

2　ユーザは、前項所定のベンダの提案を自らの責任で検討・評価し、OSS の採否を決定する。

3　本契約の他の条項にかかわらず、ベンダは、OSS に関して、著作権その他の権利の侵害がないこと及び瑕疵のないことを保証するものではなく、ベンダは、第1項所定の OSS 利用の提案時に権利侵害ま

たは瑕疵の存在を知りながら、もしくは重大な過失により知らずに告げなかった場合を除き、何らの責任を負わないものとする。

第24条（権利義務譲渡の禁止）

　ユーザ及びベンダは、互いに相手方の事前の書面による同意なくして、本契約上の地位を第三者に承継させ、または本契約から生じる権利義務の全部もしくは一部を第三者に譲渡し、引き受けさせもしくは担保に供してはならない。

第25条（解除）

1　ユーザまたはベンダは、相手方に次の各号のいずれかに該当する事由が生じた場合には、何らの催告なしに直ちに本契約の全部または一部を解除することができる。

　①　重大な過失または背信行為があった場合

　②　支払いの停止があった場合、または仮差押、差押、競売、破産手続開始、民事再生手続開始、会社更生手続開始、特別清算開始の申立てがあった場合

　③　手形交換所の取引停止処分を受けた場合

　④　公租公課の滞納処分を受けた場合

　⑤　その他前各号に準ずるような本契約を継続し難い重大な事由が発生した場合

2　ユーザまたはベンダは、相手方が本契約のいずれかの条項に違反し、相当期間を定めてなした催告後も、相手方の債務不履行が是正されない場合は、本契約の全部または一部を解除することができる。

3　ユーザまたはベンダは、第1項各号のいずれかに該当する場合または前項に定める解除がなされた場合、相手方に対し負担する一切の金銭債務につき相手方から通知催告がなくとも当然に期限の利益を喪失し、直ちに弁済しなければならない。

第26条（有効期間）

　本契約は、本契約の締結日から第4条の委託料の支払い及び第11条に定める確認が完了する日のいずれか遅い日まで効力を有するものとする。

第27条（存続条項）

　本契約第7条（ベンダの義務）、第12条（ユーザがベンダに提供するデータ・資料等）第3項から第6項、第13条（ユーザ提供データの利用・管理）、第14条（秘密情報の取扱い）から第23条（OSS の利用）、本条及び第28条（管轄裁判所）は、本契約終了後も有効に存続するものとする。

第28条（管轄裁判所）

　本契約に関する一切の紛争については、●●地方裁判所を第一審の専属的合意管轄裁判所として処理するものとする。

第29条（協議）

　本契約に定めのない事項または疑義が生じた事項については、信義誠実の原則に従いユーザ及びベンダが協議し、円満な解決を図る努力をするものとする。

　本契約締結の証として、本書2通を作成し、ユーザ、ベンダ記名押印の上、各1通を保有する。

　　　　年　　　月　　　日

　　　　　　　　ユーザ

　　　　　　　　ベンダ

【別紙】業務内容の詳細

1　本開発の対象

(例)次の機能を有するソフトウェア（名称「●●」）

(1)　機能

......

(2)　使用環境

......

(3)　前提条件

......

2　データの明細

(1)　ユーザが提供するデータの明細

(例)　別紙データ目録に記載するデータ

[(2)　ベンダが提供するデータの明細]

3　ユーザが提供する資料等

(1)

(2)

その他、本開発遂行のために必要な資料等が生じた場合は別途協議する。

4　作業体制

【ベンダ及びユーザの責任者及び必要に応じてメンバそれぞれの役割、所属、氏名の記載とソフトウェア開発の実施場所等を記載】

(1)　ベンダの作業体制

・ベンダ側責任者氏名：●●　●●

　ベンダ側責任者は次の役割を担当する。

　　① ……

　　② ……

　［メンバ］

　　メンバは次の役割を担当する。

　　① ……

　　② ……

　【※組織図／氏名／役割を記載】

(2)　ユーザの作業体制

・ユーザ側責任者氏名：●●　●●

　ユーザ側責任者は次の役割を担当する。

　　① ……

　　② ……

　［メンバ］

　　メンバは次の役割を担当する。

　　① ……

　　② ……

　【※組織図／氏名／役割を記載】

(3)　ソフトウェア開発実施場所

【ソフトウェア開発の作業等の実施場所を記載】

5　具体的作業内容（範囲、仕様等）

(1)　ベンダの担当作業：

(2)　ユーザの担当作業：

(注)共同担当作業がある場合には両方に入れる

6 連絡協議会

(1) 開催予定頻度：

(2) 場所：

7 作業期間、スケジュール

8 ベンダがユーザの委託に基づき開発支援を行う成果物の明細

(例)(該当するものに○をつける。学習用プログラムが成果物に含まれる場合には、契約書本体と別紙に「本学習用プログラム」を設ける。)

	対象物	納品有無	納品形態※
	本学習済みモデル		
	本学習用プログラム		
	本学習用データセット		

※データの場合はデータ形式、プログラムの場合はソースコード・バイナリコード等)

9 業務の完了

(1) ベンダからの成果物提供期限：●年●月●日

(2) ユーザによる確認期間：成果物提供日から●日間

10 委託料

11 委託料の支払時期・方法

(例)ユーザが本業務の確認を完了してから●日以内にユーザは委託料をベンダ指定の銀行口座に振り込み送金の方法により支払う。振込手数料はユーザの負担とする。

銀行口座に振り込み送金の方法により支払う。振込手数料はユーザの負担とする。

【別紙】ユーザ提供データの利用条件 (13条2項ただし書関係)

[＊以下の記載は参考例であり、実際に利用する際は修正されることを前提としている。また、以下は、ユーザ提供データに個人情報等を含まない場合を想定した記載である。個人情報等を含むデータの取扱いについては、個人情報保護規制の遵守が必要となる。]

利用の範囲	利用の可否・条件
① 本開発目的以外の目的での利用	・不可／可 ・可の場合の条件 【条件の記載例】 例① ベンダの製品・サービス開発や改善目的での利用。 例② 研究目的のための利用。 例③ 第三者に提供しないことを条件に、学習済みモデルの生成及び当該学習済みモデルの利用。 例④ 令和●年●月●日から●か月間は、●●業の分野で利用できる学習済みモデルの生成のためには利用できないものとする。
② 第三者への提供	・不可／可 ・可の場合の条件 【条件の記載例】 例① ユーザを特定できない形に加工したデータに限り提供可能とする。なお、ユーザはデータの有用性や正確性について責任を負わないものとする。 例② ユーザが別途指定するデータを除外したデータに限り提供可能とする。なお、ユーザはデータの有用性や正確性について責任を負わないものとする。 例③ ベンダの子会社に限り提供可能とする。

【別紙】利用条件一覧表（16条関係）

利用条件一覧表

本一覧表の対象	□本学習済みモデル □本再利用モデル □本学習用プログラム □本学習用データセット □（　　　　　　　　　　　　　　　　　　　　）

＊該当する対象のボックスにチェックしてください。

【ユーザ】

利用の範囲	利用の可否・条件
① 利用目的	［ユーザの自己の事業ための利用に限るか否か］
② 再利用モデル（派生モデル等）の生成	
③ 第三者への開示、利用許諾、提供等	

【ベンダ】

利用の範囲	利用の可否・条件
① 利用目的	［本開発目的以外の利用に限るか否か。ベンダの自己の事業ための利用に限るか否か。］
② 再利用モデル（派生モデル等）の生成	
③ 第三者への開示、利用許諾、提供等	

AI 開発にかかる成果物・中間生成物の権利帰属・利用条件整理表

	権利帰属	利用条件（ユーザ）				利用条件（ベンダ）			
		利用目的	第三者提供	独占/非独占	有償/無償	利用目的	第三者提供	独占/非独占	有償/無償
学習データセット※									
学習用プログラム（著作権）									
学習済みモデル（著作権）									
推論プログラム（著作権）									
学習済みパラメータ									
派生モデル（再利用モデル）									
報告書（著作権）									
ノウハウ※									
開発過程で生じた発明の特許権									
成果物に関する発明の特許権									

※教師データについて、別途、検討する必要がある場合があります。

※ノウハウについては様々なものが考えられるため、権利帰属・利用条件を契約に定める場合には、その内容を特定する必要性が高いといえます。

※第三者提供の定めの中には、提供先からさらに第三者提供（再提供）を認めるかについても定める必要があります。

※利用期間については契約期間と同一とすることが多いと思われますが、別の定めを設けることも考えられます。

■著者略歴

福岡 真之介 （ふくおか・しんのすけ）
西村あさひ法律事務所 パートナー弁護士。
ニューヨーク州弁護士。

1996年　東京大学法学部卒業
1998年　司法修習終了
1998年〜2001年　中島経営法律事務所
2001年〜現在　西村あさひ法律事務所
2006年　デューク大学ロースクール卒業（LL.M.）
2006年〜2007年　シュルティ・ロス・アンド・ゼイベル法律事務所勤務
2007年〜2008年　ブレーク・ドーソン法律事務所（現アシャースト）勤務
2018年〜　経済産業省「AI・データの利用に関する契約ガイドライン検討会」構成員
2018年〜　内閣府「人間中心の AI 社会原則検討会議」構成員
2018年〜　経済産業省「平成29年度補正予算『グローバル・ベンチャー・エコシステム連携加速化事業補助金』（スタートアップファクトリー構築事業）に係る契約ガイドライン検討会」構成員
2018年〜　特許庁「平成30年度産業財産権制度問題調査研究ゲノム医療分野における知的財産戦略の策定に向けた知財の保護と利用の在り方に関する調査研究委員会」委員
2019年〜　農林水産省「農業分野における AI の利用に関する契約ガイドライン検討会」委員

【著書・論文】
『データ取引の契約実務』（商事法務、2019）、『IoT・AI の法律と戦略［第2版］』（商事法務、2019）、『データの法律と契約』（商事法務、2019）、『AI の法律と論点』（商事法務、2018）、『知的財産法概説［第5版］』（弘文堂、2013）、「Licenses and Insolvency：A Practical Global Guide to the Effects of Insolvency on IP License Agreements （Japan Chapter）」Global Law and Business（2014）

AI 開発のための 法律知識と契約書作成のポイント

2020年2月25日　発行

著　者　　福岡 真之介 Ⓒ

発行者　　小泉 定裕

発行所　　株式会社 清文社

東京都千代田区内神田1－6－6（MIF ビル）
〒101-0047　電話 03（6273）7946　FAX 03（3518）0299
大阪市北区天神橋2丁目北2－6（大和南森町ビル）
〒530-0041　電話 06（6135）4050　FAX 06（6135）4059
URL http://www.skattsei.co.jp/

印刷：亜細亜印刷㈱

■本書の内容に関するお問い合わせは編集部まで FAX（03-3518-8864）でお願いします。
■本書の追録情報等は、当社ホームページ（http://www.skattsei.co.jp/）をご覧ください。

ISBN978-4-433-75050-3